朝鮮總督府編纂　訂正 普通學校學徒用

# 國語讀本 原文(上)

## 朝鮮總督府編輯局出版

김순전 · 박제홍 · 장미경 · 박경수

編

제이앤씨
Publishing Company

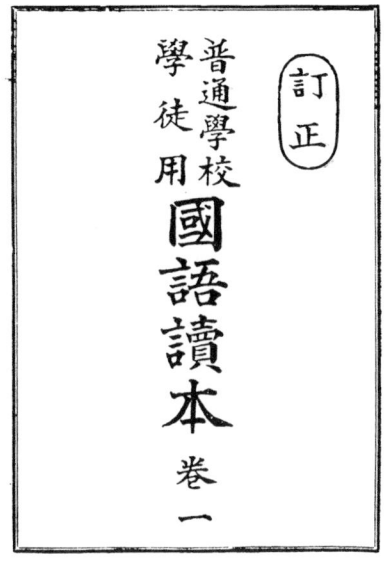

普通學校
學徒用
國語讀本 卷一

訂正

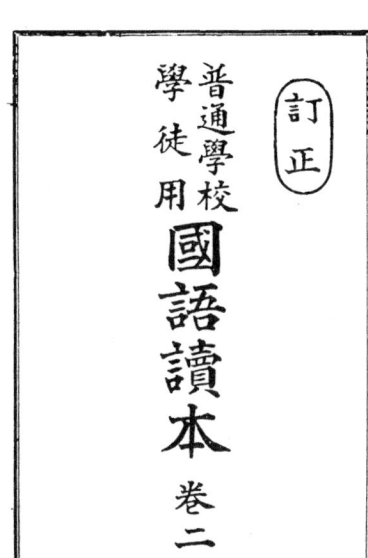

普通學校
學徒用
國語讀本 卷二

訂正

普通學校
學徒用
國語讀本 卷三

訂正

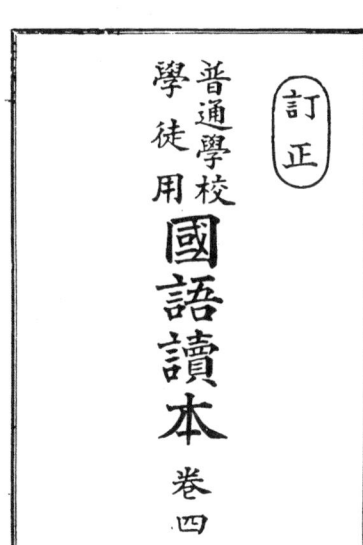

普通學校
學徒用
國語讀本 卷四

訂正

# ≪總 目 次≫

卷二(1學年 2學期, 1911)
目 次(目次名 無)

卷三(2學年 1學期, 1911)
目 次(目次名 無)

卷四(2學年 2學期, 1911)
目 次(目次名 無)

# 序 文

## 1. 朝鮮總督府 編纂 『訂正 普通學校學徒用國語讀本』 출판의 의의

교과서는 무릇 국민교육의 정화(精華)라 할 수 있으며, 한 나라의 역사진행과 불가분의 관계를 가지고 있다. 교과서를 통하여 진리탐구는 물론, 사회의 변천 또는 당시의 문명과 문화 정도를 파악할 수 있으며, 무엇보다 중요한 한시대의 역사인식 즉, 당시 기성세대는 어떤 방향으로 국민을 이끌어 가려 했고, 그 교육을 받은 세대(世代)는 어떠한 비전을 가지고 새 역사를 만들어가려 하였는지를 알아낼 수 있다. 이렇듯 한시대의 교과서는 후세들의 세태판독과 미래창조의 설계를 위한 자료적 측면에서도 매우 중요한 가치를 지니고 있다.

1910년 8월 합병이 되자 한국은 일제의 조선총독부에 의하여 본격적인 식민통치가 시작된다. 아울러 교육부분의 모든 정책 또한 조선총독부가 관할하게 되며, 이에 따라 식민지 교육정책은 이전 통감부시기에 비해 한층 더 강화된다. 조선총독부는 가장 먼저 식민지 상황에 걸맞게 관공립학교에서 사용할 교과서 개편에 착수하였다.

『訂正 普通學校學徒用國語讀本』(1911)은 일제의 식민지 교육정책상 '국가주의'에 의한 이데올로기를, 언어교육을 통하여 이루고자 한 초등학교용 國語(일본어)교과서로, <朝鮮敎育令> 이전의 <普通學校令>에 의해 발행된 學部 編纂『日語讀本』(1907年)의 내용이 합방 전 한국의 입장에서 기술되었다고 여긴 부분을 조선총독부의 의도에 맞게 그 내용을 수정하고 보완하여 편찬, 출판한『日語讀本』의 訂正本이다.

『訂正 普通學校學徒用國語讀本』을 전체적으로 보면, 學部編纂『日語讀本』에 비해 크게 다르지는 않으나 1학년용(卷一, 卷二.)의 양적증가가 현저하게 눈에 띠며, 통감부에서 총독부로 전권이 이양되어 가는 과정에 일본의 입장에서 수정되고 첨삭되어진 내용과 삽화의 변화, 그리고 國名 등을 비롯한 용어의 변화가 상당한 주목을 끌고 있다.

100여 년이 지난 오늘날까지도 끊임없는 과거사로의 회귀적 발언과 망언, 그리고 한국에서 일본 신보수주의자들과 의견을 같이 하는 일부 인사들의 발언은, 현재를 사는 우리들이 해결해야 할 일제청산에 대한 과제를 더욱 어렵게 한다. 이는 일제강점기 식민지 동화교육의 핵심이라 할 수 있는 일본어 교육과 아주 밀접하게 관련되어 있다고 여겨진다.

당시 일본어 교육은 식민지라는 특수한 상황에서 모든 조선인들이 지배국인 일본의 습속을 따라야한다는 풍속미화의 동화정책 중에서도 가장 기본적인 수단으로 중요시되었다. 이는 동화정책의 출발점에서 한 나라의 말과 역사를 정복하는 것이야말로, 그들이 추구하고자 하였던 소위 '내선일체'와 '황민화'에 도달할 수 있는 지름길이었던 것이다.

이번에 朝鮮總督府編纂『訂正 普通學校學徒用國語讀本』原文書를 출판하는 일은 韓國學을 연구하는데 필요한 자료 제공은 물론, <韓日合倂> 전후 일제에 의한 한국에서의 교육제도와 일본어 교육 과정을 세심하게 살펴볼 수 있으며, 그동안 사장되었던 미개발 자료의 일부를 발굴하여 체계적으로 정리해 놓는 일의 출발로써 큰 의의가 있다.

이에 따라『訂正 普通學校學徒用國語讀本』原文書 전 8권을 수집, 정리하여 출판함으로써, 한국의 근대화와 식민지기로 접어드는 과정의 요소요소에 스며들어 있는 일본문화의 여러 양상과 과거 긴박했던 세계정세의 흐름을 구체적으로 파악할 수 있는 기초자료로 유용하게 이용되기 바란다.

## 2. 근대조선의 일본어 교육

### 1) 일본의 '国語' 이데올로기

이데올로기(Ideology)란 용어는 Idea와 Logic의 합성어로서 창의와 논리의 뜻을 담고 있으며, 개인의 의식 속에 내재해 있으면서도 개인의식과는 달리 개인이 소속한 집단, 사회, 계급, 민족이 공유하고 있는 <공동의식>, 즉 <사회의식>과 같은 것이라 할 수 있다.

근대에 들어와서 국가는 소속감과 공통문화에 대한 연대의식과 정치적 애국심을 바탕으로 강력한 국민국가의 형태로 나타나게 되었고, 외세의 침입으로부터 국가를 보호하기 위해 국민을 계몽하고 단합시키는 데 국가적 힘을 결집하게 된다. 그리고 국가가 필요로 하는 국민을 만들기 위해 공교육제도를 수립하고, 교육에 대한 통제를 강화하여 교육을 국가적 기능으로서 편입시키게 된다.

국가주의는 국민(nation)의 주체로서 구성원 개개인의 감정, 의식, 운동, 정책, 문화의 동질성을 기본으로 하여 성립된 근대국민국가라는 특징을 갖고 있다. 국가주의의 가장 핵심적인 요소는 인종, 국가, 민족, 영토 등의 객관적인 것이라고 하지만 公用語와 문화의 동질성에서 비롯된 같은 부류의 존재라는 '우리의식'(we~feeling) 내지 '自覺'을 더욱 중요한 요인으로 보는 것이 일반적이다. 여기에서 더 나아가 '우리의식'과 같은 국민의식은 국가를 위한 운동, 국가 전통, 국가 이익, 국가 안전, 국가에 대한 사명감(使命感) 등을 중시한다. 이러한 국민의식을 역사와 문화 교육을 통하여 육성시켜 강력한 국가를 건설한 예가 바로 독일이다. 근대 국민국가의 어떠한 특정한 주의, 예를 들면 독일의 나치즘(Nazism), 이탈리아의 파시즘(Fascim), 일본의 쇼비니즘(Chauvinism)은 맹목적인 애국주의와 국수주의적인 문화, 민족의식을 강조하고 이러한 의식을 활용하여 제국적인 침략주의로 전락하고 있는 것도 또 하나의 특징이다.

메이지 유신 이후 주목할 만한 변화를 보면, 정치적으로는 <國民皆兵制>(1889)가 실시되고, <皇室典範>(1889)이 공포되어 황실숭상을 의무화하는가 하면, <大日本帝國憲法>(1889)이 반포되어 제국주의의 기초를 마련한다. 교육적으로는 근대 교육제도인 <學制>(1872)가 제정 공포되고, <敎育勅語>(1890)와 「기미가요(君が代)」(1893) 등을 제정하여 제정일치의 초국가주의 교육체제를 확립해 나간다.1)

일본어의 口語에 의해, 우에다 가즈토시(上田萬年)가 주장했던 '母語 = 國語'에 대한 이데올로기는 보다 구체화되었다. 그러나 그 중핵은 학습에 의해서만 습득할 수 있는 극히 인위적인 언어였음에도 불구하고 근대일본의 여러 제도(교육, 법률, 미디어 등)는, 이 口語에 의해 유지되어, 母語 = 國語 이데올로기로 확대 재생산되기에 이르러, 오늘날에도 일본어 = 국어는 일본인에 있어서 대단히 자명한 사실인 것처럼 받아들여지고 있다.

---

1) 黃惠淑(2000), 「日本社會科敎育의 理念變遷硏究」, 韓國敎員大學校 大學院 博士學位論文, p.1

일본은 국가신도(國家神道)를 통하여 일본인과 조선인에게 천황신
성사상의 이데올로기를 심어주려 하였다. 만세일계의 황통(皇統)이니,
팔굉일우(八紘一宇)니, 국체명징(國體明徵)이니, 기미가요(君が代) 등
으로 표현되는 천황에 대한 충성심, 희생정신이 일본국가주의의 중심사
상으로 자리 잡게 된 것이다. 즉, 명령과 절대복종식의 도덕성과 충군애
국사상을, 교육을 통해서 심어주고자 한 것이 국가주의에 의한 일본식
교육이었음을 알 수 있다.

## 2) 조선후기 교육제도의 변화와 일본어 교육

우리 민족의 근대교육에 대한 인식은 갑오개혁을 전후로 하여 크게
변해갔다. 부국강병을 위한 시무책 일환인 교육입국론(敎育立國論)이
점차 파급되면서, <교육입국조서>와 함께 <소학교령>, <사범학교
령>, <실업학교령> 등 근대교육 시행을 위한 법령이 반포되었다. 이어
정부는 서울과 주요 지방도시에 관공립소학교를 설립하는 등 근대교육
을 시행하려고 노력하였다. 격변하는 세계정세의 흐름을 염두에 둔 지
배층은 구교육(舊敎育)으로 인한 '허명(虛名)'의 교육을 버리고 신교육
(新敎育)에 의한 '실용(實用)'의 교육으로 나아갈 의지를 밝혔다.

초등교육의 제도적 기반은 1895년 7월 19일 <소학교령>이 공포되
면서 마련되었고, 같은 해 8월에는 <소학교규칙대강>을 공포하여 소
학교의 구체적인 대강(大綱)을 제시하였다.

<소학교령> 제1조에는 "소학교는 아동신체의 발달에 유의하여 국민
교육의 기초와 그 생활상 필요한 보통지식과 지능을 授함을 本旨로 함"
으로서 교육목적을 제시하고 있다.

이 시기 정부에서 제시한 소학교 교육목적은 동양의 유교적 전통이

념에 서구의 실용적 이념을 받아들여, '오륜(五倫) + 실용성 + 공공성
= 국민적 인재 양성'이라는 도식으로 나타난다. 이는 이전의 '소수 인재
양성'에서 점차 '다수 인재양성'으로 교육시스템이 변화해 가는 것으로,
기초적인 초등 보통교육이 도입되는 과도기 양상으로 볼 수 있다.

또한 소학교의 기초교육과정 시스템인 학제(學制)를 제정함으로써
의무교육의 틀을 마련한 지배층은 <소학교령> 제2조에 따라 소학교를
설립주체별로, 정부 설립의 관립, 부(府) 혹은 군(郡) 설립의 공립, 그리
고 민간인 설립인 사립으로 나누었다.

근대조선에 있어서 일본인에 의한 일본어 교육은 1891년 6월 경성에
개설된 日語學堂에서 시작된다. 교장 겸 교사로 부임한 오카쿠라 요시
사부로(岡倉由三郎)2)에 의한 이 日語學堂은 한일교섭의 통역자를 양
성하기 위하여 설립되었으며, 청일전쟁 이후 인천에 官立仁川港外國語
學校, 경성에 日語學校, 부산에 開成學校 등이 세워지고, 1899년에는
平壤, 京城, 城津에 일본어 학교가 설립3)되어 일본어 교육은 점차 한국
땅에 뿌리내리게 된다.

日本語는 <소학교령>기까지는 단순 외국어로 취급되다가, 통감부
설치 이후 독립된 교과로 선정되면서 시간도 국어(조선어), 산술과 함

---

2) 岡倉由三郎(1868~1936) 明治, 大正, 昭和期의 언어학자. 오카쿠라 덴싱의 동생.
   1891년 조선정부로부터 초청받아 일본어학교를 창립. 1896년부터 1925년까지 東京
   高師 英語科 主任 역임.
3) 이는 일제가 발행한 문서에 의한 것으로 다소 오류가 있다. "일제는 동학혁명을 좌절
   시키고 청일전쟁에서 성공한 후 조선에 친일적인 갑오개혁 정부를 세워 과거제를 폐
   지하고 새로운 소학교 교과서 편찬을 결의했다. 고종황제는 1896년 <교육입국조서>
   와 더불어 신학제를 시행하며 소학교를 설립했지만 이는 모두 일본의 세력을 배경으
   로 <교육칙어>와 학제를 모방하여 교육의 기준을 정한 것이었다. 그리고 갑오개혁
   정부가 의무교육의 실시를 결정한 것은 성급한 정책이었고 예산과 교원의 부족 그리
   고 교과목에 있어 한문과 習字의 교수는 서장과 다를 바 없었다."고 일제는 평가했
   다.(大藏省管理局編(2000), 『日本人の海外活動に關する歷史的調査』, 東京：紀
   伊國屋書房, pp.3~4 참조

께 주당 6시간이 배정되었다.

<보통학교령>이 이전의 <소학교령>과 크게 다른 점은, 새로운 교과목으로 일본어가 추가된 것이다. 통감부기 조선에서의 일본어 교육은 간단한 일어를 이해시키고 처세를 위한 목적으로 하였기 때문에 그 내용 또한 지극히 실용적인 것이 주가 된다. 이는 이 시기 조선에 시행하였던 일본어 교육이 「국어 및 한문」에서 추구하였던 장래의 필요성보다는 현실적 필요성에 의한 것임을 말해준다. 그런 점에서 당시 일본어는 「외국어」과목으로 자리 잡았다고도 할 수 있다.4) 그런데 일본어가 외국어로서 새롭게 교과목으로 추가되자 대부분의 국민들은, 아직 한글도 완전하지 않은 아동에게 매주 6시간씩 4학년까지 배정한 것은 아동에게 외국 혼을 주입시켜 국민성을 빼앗을 우려가 있다고 비판하였다.5) 그러나 시대가 변해감에 따라 실용을 위한 외국어로써 교육되었던 일본어가 통감부 이후 주요교과목으로 부상하게 된다.

### 3) 學部의 교육법령

일본은 1904년 체결된 <한일협정서>에 따라 고문정치를 시작하였다. 1905년 <을사늑약>에 따라 동년 12월 통감부가 설치되었고, 일본인 교육참여관의 감독 아래, 한국의 교육은 일본인의 간섭에 의해 편성된다. 이에 따라 전인교육을 위한 한국 최초의 교원양성기관인 한성사범학교에서 배출된 기존의 한국인 교사는 신교육에 대한 학식과 경험이 부족하다는 표면적인 이유와 '新學制'라는 명분을 내세워 보통학교에 일본인 교사를 파견 임용하게 된다. 이로써 한국교육을 일본인의 통

---

4) 久保田優子(2005), 『植民地朝鮮の日本語教育』, pp.98~99 참조
5) 古川昭(2002), 『舊韓末近代學校の形成』, ふるかわ海事事務所, pp.74~86 참조

제 아래 두려는 그들의 의도가 나타나기 시작한다.

일제는 1905년 행정개혁을 구실로 1,300만 엔을 차관형식으로 강제 대여하고, 이 중 50만 엔을 '학사혁신'이란 명목으로 할당하여, 학교설립과 시설의 신식화를 내세워 한국교육을 통제하고자 하였다. 이어 1905년 교과서 편찬위원회를 설치한 學部는 먼저 보통학교 교과서 편찬 작업에 착수, 1906년에 보통학교용 교과서 일부를 만들어 보통학교의 개교와 더불어 이를 사용하려 하였다.

교과서 편찬은 1906년 8월 27일 <보통학교령>이 발포됨에 따라 더욱 박차를 가하게 되는데, 시데하라 다이라(幣原坦)의 사임에 이어, 미쓰치 주조(三土忠造)가 취임하여 주로 교과서 편찬에 관여하기에 이른다.

한편 <을사늑약> 체결 이후 일본의 침략으로부터 국권을 회복하기 위해서 애국계몽운동이 활발히 전개되었고, 이는 서당과 사립학교의 증가로 나타나기도 한다. 그러나 일제는 그들이 의도한 '점진적 동화교육'을 쉽게 이행시키기 위해서 '文明的 敎育'이라는 이론적인 무기로 이를 무마시키며, <보통학교령> 및 <보통학교령시행규칙>을 공포하고, 이를 동년 9월 1일부터 시행한다. 이렇듯 조선에 대한 교육적 지배가 시작됨으로써, 조선인 교육의 행정권은 전적으로 일본인의 손으로 넘어가게 된다.

이 시기 통감부에서 교육제도를 정비한 주요 法令制定은 <표 1>과 같다.

<表 1> 통감부 시기 한국에서의 교육법령

| 년 월 일 | | 교 육 법 령 |
|---|---|---|
| 1906 | 8월 27일 | 普通學校令 |
| | 8월 31일 | 師範學校令, 外國語學校令, 高等學校令 |
| 1908 | 4월 2일 | 高等女學校令 |
| | 8월 26일 | 私立學校令 |
| | 8월 28일 | 學部令, 公立私立學校認定에 關한 規定, 教科書用図書檢定規定 |
| | 12월 29일 | 成均館官制 |
| 1909 | 4월 27일 | 實業學校令 |
| | 7월 9일 | 實業學校令施行規則, 高等女學校令施行規則, 師範學校令施行規則, 高等學校令施行規則, 外國語學校令施行規則 |

　1908년 8월 28일에는 <학부령> 제16호로 <敎科用圖書檢定規程>을 공포하여 교과용도서의 검정과 인가를 받게 하였으며, 학생용과 교사용의 교과용 도서는 우선적으로 학부에서 편찬하기로 하였다.

　학부는 국정교과서를 직접 편찬할 뿐 아니라 사립학교 교과용 도서의 질적 개선을 도모한다는 명분 아래 그 실상은 교육내용을 규제할 목적으로 민간인 저작 교과용 도서를 검정하였다. <교과용도서검정규정>을 보면, 공사립보통학교의 교과용 도서는 '① 학부에서 편찬한 것, ② 학부대신의 검정을 받은 것, ③ 이상에 해당된 도서가 없을 경우 학교장이 학부대신의 인가를 받아서 다른 도서를 쓸 수 있다.'는 규정에 합당해야 했다. 또한 <사립학교령>(1908. 8) 제16조에 <사립학교교과서에대한규정>도 앞의 <교과용도서검정규정>에 준하는 내용이 제시되어 민족의식·배일사상을 고취하는 내용은 배제하도록 통제하였다. 이에 따라 <보통학교령>기의 한국교육은 '구국'과 '식민지화'라는 서로 병행할 수 없는 목적이 다른 교육으로 대립하는 새로운 이중구조에 놓이게 된 것이다.

## 3. 합병 후 조선의 교육제도와 일본어 교육

### 1) 조선에서의 교육제도

일제의 조선에 대한 끊임없는 침략야욕은 청일, 러일전쟁의 승리를 통하여 구체화되었다. 1905년 7월 29일 체결된 <가쓰라 – 태프트 밀약>6), 그리고 같은 해 9월 5일의 <포츠머스조약>7)을 통해 마침내 열강들로부터 한국의 보호국화(保護國化)에 대한 승인을 얻어낸 일제는 한국에 보호조약을 강요하기 시작하여, 1905년 11월 마침내 <을사늑약>을 체결하였다. 이 협약으로 인하여 조선은 외교권이 박탈되었으며, 이듬해 2월 초대통감으로 이토 히로부미(伊藤博文)가 부임하여 정부의 실권을 장악하게 된다.

---

6) 일본 총리 가쓰라 다로(桂太郎)와 미국 루스벨트 대통령의 특사인 육군 장관 W. H. 태프트 사이에 맺어진 비밀협약으로, 미국의 대필리핀 권익과 일본의 대조선 권익을 상호 교환조건으로 승인하였다. 이 비밀협정에 의해서 미국의 한국문제 개입의 가능성을 배제시킨 일본은 같은 해 8월에 제2차 '영일동맹'을 통해 일본이 조선을 지도 및 보호한다는 승인을 얻어냈다.

7) 러일전쟁 이후 열강들의 조정, 강화 문제가 제기됨에 따라, 미국의 대통령 루스벨트의 중재로 미국의 군항도시 포츠머스에서 8월부터 러시아와 일본 사이에 강화회의가 열렸는데, 일본 측이 제시한 12개 조항을 토대로 진행되어, 9월5일 일본의 외상 고무라 주타로(小村壽太郎)와 러시아 재무장관 비테와의 사이에 조인된 강화조약이다. 주요 내용은 ①한국에 대한 일본의 지도, 보호, 감리권의 승인, ②뤼순·따렌(大連)의 조차권 승인, 장춘(長春) 이남의 철도부설권 할양, ③배상금을 청구하지 않는 조건으로 북위 50° 이남의 남사할린 섬 할양, ④동해, 오호츠크 해, 베링 해의 러시아령 연안의 어업권을 일본에 양도한다는 것 등이다. 이 조약으로 미국, 영국뿐만 아니라 패전국 러시아도 일본의 한국 지배를 승인함으로써 일제의 한국 지배가 국제적으로 확인되었다.

　일제는 통감부를 설치한 후 조선의 황제와 대신들은 그대로 두고, 차관 이하 조선중앙정부의 요직은 일본인들로 하여금 점유하게 하는 등 실권을 행사하면서 조선에 대한 지배체재를 공고히 하였다. 1907년 네덜란드 헤이그에서 개최된 만국평화회의를 통해, 이준 열사로 하여금 <을사늑약>의 부당성을 폭로하고 호소하여 한국의 국권을 회복하려 하였으나, 이토 히로부미는 7월 3일 밀사파견 사실을 알고는 일본 장교단을 거느리고 고종을 찾아가 협박한 후 이를 빌미로 고종의 폐위를 일본 총리대신에게 건의했다. 이에 이완용 내각은 7월 6일 어전회의를 소집하여 고종에게 일제에 대해 사죄할 것을 종용하였으며, 통감부는 7월 8일 궁금령(宮禁令)을 실시하여 고종을 감금하고, 17일 이완용, 송병준 등으로 하여금 고종에게 퇴위하도록 협박하게 했다. 그리고 마침내 7월 20일, 일본 군대의 포위 속에 고종은 표면적으로 순종에게 황위를 양위하는 형식을 갖추었지만, 사실상 일제에 의해 폐위 당했던 것이다. 이어서 한국 군대를 강제로 해산시키고 <제3차 한일협약>에 의한 차관정치로 한국의 내정까지 장악한 일제는 1910년 8월 20일 병합에 조인케 하였으며, 8월 29일 한국은 마침내 일본에 합병되기에 이른다.

　<한일합병>이 이루어지자, 일제는 제국주의 식민지정책 기관으로 <朝鮮總督府>를 설치하고, 大韓帝國을 일본제국의 한 지역으로 인식시키기 위하여 <朝鮮>으로 개칭(改稱)하였다. 아울러 초대 총독으로 데라우치 마사타케(寺內正毅)를 임명하여 무단정치와 제국신민 교육을 병행하여 추진함으로, 조선의 모든 교육행정은 조선총독부의 강력한 통치를 받게 된다. 조선통감부기부터 이미 '각종 법령 및 시행규칙'이 제정 또는 개정되어 조선의 교육제도는 점차 일본화 되어가고 있었는데, 합병이 되자 데라우치 마사타케는 경찰력을 이용하여 강력한 무단

정치와 제국신민 교육을 병행하여 추진하였다.

　식민지 초기, 일제의 조선통치 방침은 '점진적 동화주의'에 그 목적을 두었으며, 보통학교를 거점으로 하여 교화정책을 구상하였다. 일제의 동화정책은 조선인에게 "보통교육 즉 독서, 습자, 산술을 가르치는데 만족하고 황국신민을 위한 품성과 기풍을 교화하는 데 목적이 있지 그 이상의 학과는 필요치 않는 것"이었다. 그 중에서도 특히 일본어 교육은 식민지 조선이라는 식민지의 특수한 상황에서 동화정책 중에서도 가장 기본적인 수단으로 중요시되었다. 이는 말과 역사를 정복하는 것이 동화정책의 시작이요 완성이라는 의미이다.

　일제는 조선의 교육 전반을 다스릴 법령 제작에 착수하였다. 하지만 법령이 완성되기 전까지의 근거자료로써, 교육부분 특히 교과서 발행에 관한 모든 조치를 신문 등 각종 매체를 통하여 홍보하였다. 당시 조선총독부의 교과서 편찬 방침은,

　　　朝鮮學童의敎科書問題는向日브터內地有識者間의一問題가된지라其編纂方針에對ᄒ야各種議論이區々不一ᄒ나右는目下內務部學務局編輯課에서編纂ᄒᄂ者를脫稿되ᄂ대로文部省에送致ᄒ야來年初學期四月브터普通學校,高等學校에對ᄒ야改正敎科書를用케홀터이라從來의日語讀本은國語讀本이라ᄒ고國語讀本은諺文讀本이朝鮮語讀本이라改稱홈은勿論이오其內容도此際에根柢부터改正ᄒ야爲先實業敎育에關ᄒ智識과興味를添ᄒ야殖産農林,鑛業,工藝等의開發에關ᄒ思想을涵養ᄒ야써無爲徒食으로爲事ᄒᄂ惡風을一掃ᄒ고此를誘導ᄒ야勤儉力行의道를知케ᄒ며貯金思想의獎勵等으로爲主ᄒ다더라8)

8) 「朝鮮學童과 敎科書」, 《每日申報》, 1910.11.2, 2면

고 하여, 종래의 『일어독본』을 『국어독본』이라 하고, 기존의 『국어독본』은 『언문독본』이나 『조선어독본』으로 개칭하였으며, 그 내용도 황국신민의 품성과 자질을 육성하기 위한 총독부의 교과서 편찬방침에 맞게 개정하도록 지시하였다.

조선총독부는 한국병합 1년 후인 1911년 8월 24일 全文 三十條로 되어 있는 <朝鮮敎育令>[9]을 공포함으로써 본격적인 식민통치 교육을 펼쳐나간다. 초대 조선총독 데라우치 마사타케의 취지는 다음과 같다.

조선은 아직 일본과 사정이 같지 않아서, 이로써 그 교육은 특히 덕성(德性)의 함양과 일본어의 보급에 주력함으로써 황국신민다운 성격을 양성하고 아울러 생활에 필요한 지식 기능을 교육함을 본지 (本旨)로 하고…[10]

데라우치 마사타케가 제시한 식민지 교육에 관한 세 가지 방침은, 첫째, '조선인에 대하여 <敎育勅語>(Imperial rescript on Education) 의 취지에 근거하여 덕육을 실시할 것.' 둘째, '조선인에게 반드시 일본어를 배우게 할 것이며 학교에서 敎授用語는 일본어로 할 것.' 셋째, '조선인에 대한 교육제도는 일본인과는 별도로 하고 조선의 時勢 및 民度에 따른 점진주의에 의해 교육을 시행하는 것'이었다. 한일합병 직후 교육령 개정 사항을 정리하면 <표 2>와 같다.

---

9) 敎育編纂會(1964,10), 『明治以降敎育制度發達史』 第十卷, pp.60~63

10) 조선총독부(1964,10), 『朝鮮敎育要覽』, 1919년 1월, p.21. 敎育編纂會 『明治以降 敎育制度發達史』 第十卷, pp.64~65

### 〈표 2〉 합병 후 〈제1차 조선교육령〉 시기의 교육법령

| 년 월 일 | | 교 육 법 령 |
|---|---|---|
| 1911 | 8월 24일 | 第一次 朝鮮教育令 |
| | 10월 20일 | 私立學校施行規則, 普通學校施行規則, 高等普通學校施行規則, 女子高等普通學校施行規則, 實業學校施行規則 |
| 1915 | 3월 24일 | 改正私立學校規則 |
| 1918 | 2월 21일 | 教員試驗規則, 書堂規則, 各級學校諸規則 |

이와 같이 합병 이후 일제는 <제1차 조선교육령>에 의하여 조선의 교육제도를 장악하고, 시세(時勢)에 따라 수정 보완하여 통제해 나갔다. 그리고 일본어를 국어로써 배우게 함은 물론 조선어 및 한문 수업 이외에는 다른 과목도 일본어로 수업을 받게 하였다. 또한 교과과정 등 여러 가지 면에서도 일본인과 조선인과의 차별교육은 현격하게 나타났다. 일본인은 6년 과정의 심상소학교로 운영했으나 조선인은 3~4년제 과정의 보통학교로 운영하였다. 또한 교과서도 심상소학교에서는 문부성편찬 교과서를 사용하였으나 보통학교에서는 조선총독부편찬 교과서를 사용하였다.

보통학교 교과과정에 있어서도 <朝鮮教育令>과 <普通學校施行規則>에 의하여 교육연한은 보통학교 3~4년제, 고등보통학교 4년제, 여자고등보통학교 3년제로 되어 있는데, 이는 일본인학교 교육연한(초등학교 6년제, 중학교 5년제, 고등여학교 5년제)과는 다른 교육정책(1912년 3월 府令 제44호, 45호)을 취하고 있어 '복선형 교육제도' 이었음을 알 수 있다.

## 2) 교과목과 수업시수

1909년 4월 개정된 <보통학교령>과, <보통학교령시행규칙>에 의하여 정해진 보통학교의 교육과정과 교과목이 종래의 <소학교>가 <보통학교>로 개칭됨에 따라 수업연한을 4년으로 하였으며, 교과목은 수신, 국어, 한문, 일어, 산술, 지리, 역사, 이과, 도화, 체조의 10개 과목으로 설정하였다. 여기에 특기할 만한 것은 보통학교 교과에 日本語가 필수과목으로 추가된 점이다. 여학생은 여기에 수예를 더하고 사정에 따라 창가, 수공, 농업, 상업 중 한 과목 혹은 몇 과목을 반드시 더 하도록 하였다. 또 지리, 역사의 경우는 실제로 시간 수는 별도로 배정되어 있지 않고, 국어와 일어 교과에서 역사나 지리와 관련된 내용을 포함하여 다루도록 하였다.11) 따라서 합병후 조선총독부에 의한 보통학교 교과과정에서도 역사, 지리에 대한 내용을 『訂正 普通學校學徒用國語讀本』에 포함하여 일본어로 교육하였다.

1909년 5월 당시 학부에서 발간한 보통학교용 교과서는 수신서 4권, 국어독본 8권, 일어독본 8권, 한문독본 4권, 理科書(日文) 2권, 圖畵監本 4권, 習字帖 4권, 산술서(교사용) 4권 등 총 7종 41권이었다. 개편된 보통학교 교육과정과 교수 시수는 1906년의 것과 거의 비슷하나 내용에서 주목할 것은 「국어」와 「한문」 두 과목을 「국어 및 한문」 한 과목으로 통합하고 시간수도 남자 10시간, 여자 9시간으로 조정하였다.

보통학교의 교과목 중에서 일본어가 차지하는 위치는 <표 3>과 같다.12)

---

11) 朴英淑(2000), 「解題 第一期 『普通學校國語讀本』について」에서 참고함.
12) 朝鮮敎育會(1935), 『朝鮮學事例規』, pp.409~410. 注 : 空欄은 元本대로

### 〈표 3〉 보통학교 교과과정 및 매주 시간 수

| 教科目 / 學年 | 1 | 2 | 3 | 4 | 計 |
|---|---|---|---|---|---|
| 修身 | 1 | 1 | 1 | 1 | 4 |
| 國語(日本語) | 10 | 10 | 10 | 10 | 40 |
| 朝鮮語 및 漢文 | 6 | 6 | 5 | 5 | 22 |
| 算術 | 6 | 6 | 6 | 6 | 24 |
| 理科 | | | 2 | 2 | 4 |
| 唱歌,體操 | 3 | 3 | 3 | 3 | 12 |
| 圖畵 | | | | | |
| 手工 | | | | | |
| 裁縫 및 手藝 | | | | | |
| 農業初步 | | | | | |
| 商業初步 | | | | | |
| 計 | 26 | 26 | 27 | 27 | 106 |

<표 3>을 보면 「日本語」는 「國語」로, 「韓國語」는 「朝鮮語」로 명칭이 바뀌었음을 알 수 있다. 「國語(일본어)」는 읽기(讀方), 해석, 회화, 암송, 받아쓰기(書取), 작문, 습자를 그 내용으로 하며, 매주 수업 시간 수는, 통감부기 주당 6시간이었던 일본어가, 1학년부터 4학년까지 10시간씩 배정하여, 전 학년을 통틀어 총 수업시간의 약 38%를 차지하고 있다. 일본어가 「朝鮮語 및 漢文」 과목에 비해 2배 정도의 교육시간이 배정된 것을 감안하면 당시 교육정책이 일본어 교육에 보다 역점을 두고 있었다는 것을 알 수 있다.

통감부 시기의 교과목과 비교하여 보면 독서와 작문, 습자가 국어로, 본국지리와 외국지리가 지리로 변경되었다. 다시 본국역사와 함께 역사, 지리로 통합되고, 재봉이 수예로 명칭이 변경되었고 한문이 새로 추가되었다. 또 외국어 과목이 일어로 바뀌면서 편제의 순서상 이전 시기

에 가장 마지막으로 제시되었던 외국어가 국어, 한문 다음으로 산술보다 먼저 제시되었으며, 시간수도 6시간으로 국어, 산술과 같은 비중으로 다루어졌다. 또한 창가와 수공, 농업, 상업이 새로 추가되었는데 이는 실사구시의 명분으로 보통학교 교육과정을 기초교육보다는 생활교육 위주로 실용성을 강조한 때문으로 볼 수 있다.

여기서 통감부 시기와 일제 강점기 전반에 걸쳐, 각 시기에 따른 학년별, 과목별 주당수업시수를 <표 4>로 정리하였다.

〈표 4〉 조선에서의 수신·조선어·한문·일본어의 주당 수업시수

| 학년 | 통감부(1907) 수신 | 조선어 | 한문 | 일어 | 제1기(1911) 수신 | 국어(일어) | 조선어(한문) | 제2기(1922) 수신 | 국어(일어) | 조선어 | 제3기(929) 수신 | 국어(일어) | 조선어 | 제4기(1938) 수신 | 국어(일어) | 조선어 | 제5기(1941) 국어/국민과수신· |
|---|---|---|---|---|---|---|---|---|---|---|---|---|---|---|---|---|---|
| 1 | 1 | 6 | 4 | 6 | 1 | 10 | 6 | 1 | 10 | 4 | 1 | 10 | 5 | 2 | 10 | 4 | 11 |
| 2 | 1 | 6 | 4 | 6 | 1 | 10 | 6 | 1 | 12 | 4 | 1 | 12 | 5 | 2 | 12 | 3 | 12 |
| 3 | 1 | 6 | 4 | 6 | 1 | 10 | 5 | 1 | 12 | 3 | 1 | 12 | 3 | 2 | 12 | 3 | 2, 9 |
| 4 | 1 | 6 | 4 | 6 | 1 | 10 | 5 | 1 | 12 | 3 | 1 | 12 | 3 | 2 | 12 | 2 | 2, 8 |
| 5 | | | | | | | | 1 | 9 | 3 | 1 | 9 | 2 | 2 | 9 | 2 | 2, 7 |
| 6 | | | | | | | | 1 | 9 | 3 | 1 | 9 | 2 | 2 | .9 | 2 | 2, 7 |
| 계 | 4 | 24 | 16 | 24 | 4 | 40 | 22 | 6 | 64 | 20 | 6 | 64 | 20 | 12 | 64 | 16 | 62 |

* 제1기(보통학교시행규칙, 1911. 10. 20), 제2기(보통학교시행규정, 1922. 2. 15), 제3기(보통학교시행규정, 1929. 6. 20), 제4기(소학교시행규정, 1938. 3. 15), 제5기(국민학교시행규정, 1941. 3. 31)

## 3) 실업교육

<제1차 조선교육령>의 핵심정책은 일본어 교육, 보통교육, 실업교육의 강화정책이었다. <조선교육령> 제6조를 보면 "실업교육은 농업,

상업, 공업 등에 관한 지식과 기능을 교수함을 목적으로 한다."라 규정하고, 다시 제20조부터 제24조에 걸쳐 실업학교에 관한 세부사항을 본령에 규정하여 명시하였다.

제20조 : 실업학교는 농업, 상업, 공업 등 실업에 종사하려는 자에게 필요한 교육을 하는 곳으로 한다.

제21조 : 실업학교를 나누어 농업학교, 상업학교, 공업학교 및 간이실업학교로 한다.

제22조 : 실업학교의 수업연한은 2년 내지 3년으로 한다.

제23조 : 실업학교에 입학할 수 있는 자는 나이 12세 이상으로 수업연한 4년의 보통학교를 졸업한 자, 또는 이와 동일 이상의 학력을 가진 자로 한다.

제24조 : 간이실업학교의 수업연한 및 입학 자격에 관하여는 제2조의 규정에 따르지 않고 조선총독이 정한다.

일제가 이러한 규정을 세부적인 시행세칙에 넣지 않고 조선교육령 본문에 6개나 되는 조항으로 규정하여 명시한 것은 실업교육에 상당한 비중을 두고 있음을 말해준다. 이 같은 사실은 이미 1904년 <제2차 한일협약> 체결 이후 한국에서 실업교육의 강화에 착수한 것으로도 알 수 있다. 대한제국 정부에서 1899년 상공학교를 처음 설립하고 실업교육을 시작하였을 때는, 모든 규정도 미비하였고 교육내용도 제대로 갖추지 못한 상태였다. 그리하여 1904년 농·상·공 학교 관제를 공포13) 한 후 실업교육 발전의 기반을 구축하였다.14) 그러나 같은 해 <제1차

---

13) 칙령 제16호 「농·상·공 학교 관제」, 「구한국관보」, 1904년 6월 11일자.
14) 홍덕창(1996), 「일제시대의 실업교육에 관한 연구」, 「總神大論叢」 제15집, pp.5~6 참조

한일협약> 체결을 기화로 일제는 한국의 정치에 간섭하기 시작하였다. 이어 1906년부터는 본격적으로 모든 교육의 개편작업에 착수하였으며, 1909년 <실업학교령>을 공포함으로써 실업교육의 확장에 박차를 가하기 시작하였다. 이는 장차 대륙진출을 위한 교두보로써 조선을 식민지화 하여 부족한 식량, 모든 물자의 공급기지, 그리고 저렴한 노동을 필요로 했던 일제의 의도가 실업교육으로 나타난 것이라 할 수 있다.

일제가 유난히 실업교육을 강조한 저의는 "실용적 실무도야란 가장하에 그 교육에 필요한 일본교육을 가르쳐서 한국인의 자주독립 정신을 말살하고 하급 실무 노동자를 양산하는 데 뜻을 둔 것."[15]이었다.

일제는 식민지 초기부터 모범교육이란 미명하에 식민지인에게는 수업연한을 단축하였으며, 교육기회를 축소하였고, 고등교육에 대해서는 그 기회마저 억제하려 하였다. 이는 일제의 경제적 수탈을 원활하게 하기 위한 방편으로, 식민지 교육정책상 인문교육보다는 실업교육의 강조로 나타난 것이다. 이로써 한민족의 우민화를 꾀하고, 저급한 노동력을 양성하고자 하였다. 이는 일제가 표방한 실용주의 즉 공리공론의 허명을 떠나 실질적인 것을 취한다는 교육이념 속에서 구체화되어 나타난다. 그리하여 본격적인 지하자원과 토지 수탈에 필요한 광산기술, 토지조사, 그리고 측량 등의 보조원 양성을 위한 저급한 기술교육이 실업교육의 이름으로 이루어지게 되었다.

이에 따라 일제는 보통학교와 고등보통학교에 농업교과와 상업교과 즉, 초등학교인 보통학교 교과 과정에 실업교과인 「농업초보」, 「상업초보」 등과 실업교과와 유사한 「수공」, 「재봉과 수예」 등을 배정했다. 중등학교에서 간이학교와 같은 하위 수준의 실업교육에 역점을 둔 실업

---

15) 渡學部 外(1975), 『朝鮮教育史』(世界教育大界), 講談社, p.214

학교 교육은 통감부의 우민화 정책의 연장선이며, 일본 자본주의의 수탈을 강화하기 위해서 조선인을 저급한 기술인으로 양성하여 식민지 지배의 하수인으로 삼고자 한 것으로 파악할 수 있다.

### 4) 초등교사의 양성

데라우치 마사타케의 <조선교육령>에 의한 교육은, 일상생활에 '필수(必須)한 지식기능'을 몸에 익혀 실세에 적응할 보통교육을 강조하는 한편, 1911년 11월의 「일반인에 대한 유고(諭告)」에서는 '덕성의 함양'과 '일본어 보급'을 통하여 '신민양성의 필요성'을 역설하였다.

이러한 교육목적에 부합하는 충량한 신민을 양성하기 위해서 일제는 구한말 고종의 <교육입국조서>의 취지에 따라 설립했던 '한성사범학교'를 폐지하고 다양한 교권양성과정을 구상하여 제시하였다. 초등교육을 위한 교사의 양성이 무엇보다도 시급하게 된 일제는 그 일환으로 우선 관립 남녀중등학교에 단기교원양성과정을 부설하여 초등교원을 양성하도록 하였다. 관립 남녀중등학교에 부설된 교원양성기관은 사범과, 교원속성과, 임시교원양성소, 임시교원양성강습회로 나뉘며, 특히 사범과, 교원속성과에서는 주로 보통학교의 한국인 교원을 양성하였다. <조선교육령>의 교원교육에 관련된 조항(제14조와 19조)을 살펴보면 다음과 같다.

> 제14조 : 관립고등보통학교에는 사범과 또는 교원속성과를 두어 보통학교의 교원이 되려는 자에게 필요한 교육을 할 수 있다. 사범과의 수업연한은 1년, 교원속성과의 수업연한은 1년 이내로 한다. 사범과에 입학할 수 있는 자는 고등보통학교를 졸업한 자로 하고 교원속성과에 입학

할 수 있는 자는 나이 16세 이상으로 고등보통학교 제2
학년의 과정을 수료한 자, 또는 이와 동등 이상의 학력
을 가진 자로 한다.

제19조 : 관립여자고등보통학교에는 사범과를 두어 보통학교의
교원이 되려는 자에게 필요한 교육을 할 수 있다. 사범
과의 수업연한은 1년으로 한다. 사범과에 입학할 수 있
는 자는 여자고등보통학교를 졸업한 자로 한다.

그러나 이러한 과정만으로 급증하는 보통학교에 대한 초등교원의 수
요를 충족시킬 수가 없어서 관립중등학교에 임시교원양성소를 두어 단
기간에 교원을 양성하도록 하였다. 이에 따라 사범과, 교원속성과와는
또 다른 교원양성과정으로, 관립중등학교에 1~3년 과정의 '임시교원양
성소', '임시소학교교원양성소', '임시여자교원양성소' 등을 부설하여 보
조교원을 양성하였다. 뿐만 아니라 조선총독부는 '초단기임시교원양성
강습회'까지 열어 부족한 교원을 양산해 내기도 하였다. 이러한 '임시교
원양성소'와 '임시교원양성강습회'에서는 한국인 교원 뿐 아니라 일본
인 교원도 양성하였는데, 한국인 교원에게는 주로 교과 교육과 관련된
내용을, 일본인 교원에게는 한국문화의 이해와 관련된 내용을 교수하였
다.

<조선교육령> 시행기의 임시교원양성소는 '소학교'의 일본인 교원
을 양성하기 위한 기관으로 1911년 경성중학교에 설치된 임시교원양성
소가 있으며, 한국인 교원을 양성하기 위한 임시교원양성소는 경성고등
보통학교와 경성여자고등보통학교에 부설하였다.

경성고등보통학교 부설 임시교원양성소는 1911년 3년 과정으로 설
립되었다. 이 양성소는 관립한성상업학교 본과 과정이 개편된 것으로,

입학 자격은 16세 이상의 고등보통학교 제1학년 수료자 또는 이와 동등 이상의 학력이 있는 자로 제한하였고, 수신, 교육, 국어, 조선어 및 한문, 역사, 지리, 수학, 이과, 실업, 습자, 도화, 수공, 음악, 체조의 교과목을 배우게 하였다.16) 이 양성소는 처음에는 보통학교에서 근무할 한국인 교원을 양성하기 위하여 설립되었으나 조선내의 일본인 교원이 부족하게 되자 1913년에 규정을 개정하여 1부는 3년 과정으로 한국인 교원을, 2부는 1년 과정으로 일본인 교원을 양성하게 된다. 당시 조선총독부 관보(1913.3.31)에 의하면 1부의 경우 이전의 입학 자격과 동일하였으나, 2부의 입학 자격은 중학교 졸업자 또는 17세 이상으로 이와 동등 이상의 학력 소지자로 하여, 교원양성과정에 있어서도 차등을 두었음을 알 수 있다.

### 5) 야학을 통한 일본어 교육

근대 신학문을 접하면서 조선인의 높은 교육열은 보통학교 교육에 대한 요구로 전환되어 표출되었다. 일제는 이러한 요인을 실력양성론의 확대, 학교의 선발배치기능과 조선인의 직업 취득요구의 토대로 보았다. 즉 전통적인 성리학적 특권을 향유하는 지배계급의 지위에 오르는 것을 교육의 목표로 보았던 전통적인 교육관이 점차 신학문을 배워서 실력을 양성함과 동시에 특권적인 지위를 획득할 수 있다는 교육열로 나타난 것이다.

그러나 이러한 교육열은 한일합병 직후 관공립보통학교의 취학기피 내지는 거부하는 경향으로 나타났다. 이런 현상은 통감부 시기와 마찬가지로 주로 민족적 저항과 근대교육에 대한 저항이라는 맥락에서 이

---

16) 김경자 외 공저(2005), 『한국근대초등교육의 좌절』, 교육과학사, p.177 참조

루어졌다. 일본에 의해 다소 변형된 형태로 도입된 근대교육이 일본을 통해 강제로 부과되었다는 사실은 전통교육에 대한 관념을 강화시켜 근대교육에 대한 더 큰 저항을 불러일으켰다. 이에 따라 조선총독부는 민심을 수습할 목적과, 보통학교가 동화교육의 기본이 된다는 판단 아래 <3面 1校制>라는 보통학교 증설정책을 추진하여, 1912년부터 꾸준히 보통학교를 신설하는 한편 사립학교와 사립보통학교의 조직을 변경함으로써 공립보통학교의 수를 점차 늘려갔다. 그러나 사립학교에서 공립학교로의 전환은 당시 지방민에 의해 운영되던 학교의 재산을 탈취한다는 인상을 주게 되어, 도시보다 농촌에서 취학기피의 한 요인이 되기도 한다. 새로운 것에 대한 기피현상과 일제에 대한 거부감은 1910년대 공립학교 취학률 저조현상으로 나타나게 된 것이다.

한편 야학과 서당은 일제강점기 근대교육을 위한 또 하나의 대안이었다. 당시 야학의 교육목표는 문맹퇴치였으며 교육대상은 제도권 교육기관에 취학하기 어려운 학령 아동이나 교육의 혜택을 전혀 받지 못한 문맹의 노동자, 농민 및 그의 자제들이었다. 때문에 일제가 <사립학교령>을 통해 사학에 대한 탄압을 자행할 때 야학은 이러한 규제로부터 비교적 자유로웠으며 운영주체의 의지에 따라 쉽게 운영될 수 있었다.

이들의 연령은 학령아동에서 50세까지 다양하였는데, 그래도 대다수는 학령아동에 해당하였다. 문맹퇴치를 위한 교육이었던 만큼 교육내용도 문자해독 또는 문자습득이라는 초보적 수준이었으며, 한글을 중심으로 초보적인 한자, 산술, 습자 등을 교수하였다. 또한 야학은 신분이나 계급에 대한 차별 없는 근대교육의 보급함으로 균등한 교육기회를 부여하여 개인의 능력을 배양시킴으로써 근대교육의 모습을 보였을 뿐아니라 민족운동에도 한몫을 하였다.

그러나 자강운동기에 설립된 1,000여개의 야학은 1910년대에 국내 민족운동의 전반적인 침체와 더불어 대부분 중단되거나 일본어 교육기관으로 변질되어 갔다. 1913년 <조선총독부령> 제3호의 「사설학술강습회에 관한 건」에 의하여 '야학설립인가권'을 장악한 일제는 민족야학에 대한 통제 강화로, 친일적인 인사나 관청에서 대부분을 운영하였다. 이는 일본어 보급을 위한 식민야학을 관청의 주도로 선도하게 되었다는 의미이며, 일본어는 야학의 가장 주요한 교과목이 되었다. 따라서 문맹퇴치라는 긍정정인 기능을 하였음에도 불구하고 식민지 교육정책을 보조하는 결과 초래로, 대다수 야학이 일본어 보급을 위한 '국어강습소'로 변질되는 현상17)으로 나타나기도 하였다.

## 4. 조선총독부의 보통학교 교육정책

조선총독부는 1911년 8월 <제1차 조선교육령>을 발포하고, 같은 해 10월 <보통학교시행규칙>, <고등보통학교시행규칙>, <여자고등보통학교시행규칙>의 제정에 따라 교과서 편찬사업을 착수하였는데, 이는 1905년 2월부터 일본인 시데하라 다이라(幣原坦)가 學部의 고문인 학정참여관(學政參與官)으로 들어와 『日語讀本』 등의 발간에 이어 다른 교과의 교과서 편찬 착수의 연장이라 할 수 있다. 1906년 2월에 통감부가 설치되고 <보통학교령>이 발포됨에 따라 식민지교육을 위한 교과서 편찬에 더욱 박차를 가하게 된다. 따라서 초대 통감 이토 히로부미는 교과서 편찬 지연 및 행정력의 무능의 책임을 물어 동년 6월 시데하라

---

17) 김경자 외 공저(2005), 앞의 책, pp.24~25 참조

다이라를 해임하고 미쓰치 주조를 학정참여관으로 임명(囑託)18)하여 교과서 편찬을 단행하기에 이른다.

그 당시 통감부 학부에서 시행한 「敎科書의 內容에 關한 調査」를 보면 가장 중요한 심사기준은 '조선과 일본의 관계 및 친교를 저해하거나 비방하는 배일사상' 내용의 유무19)에 있었다. 따라서 미쓰치 주조는 <사립학교령>을 발포하여 이전의 '불량한 교과서'를 점차 정부 편찬의 교과서로 사용하도록 하였고, 다른 교과서를 사용할 때는 <교과용도서 검정규정>에 의하여 학부의 인가를 받도록 하였으며, 1908년에는 각 교과목에 대한 통일된 교과서를 출판하여 당시 존재한 약 10여 개의 관공립보통학교에서 사용케 하였다.

일본의 교과서는, 메이지 초기 <自由制>, 1880년 <開申制(届出制)>, 1883년 <認可制>, 그리고 1886년 <檢定制>를 거쳐, 1904年 <國定敎科書>에 이른다. 그러나 당시 식민지 교과서정책은 바로 <허가제>에서 <인가제>로, 다시 <검정제>로 하여 최종적으로 <국정교과서>로 규제해가는 교육정책을 취했다.

합병이 되자, 조선총독부 보통교육 정책의 근간이 되는 풍속미화는 황국신민의 품성과 자질을 육성하기 위한 것으로 일본의 국체정신과 이에 대한 충성, 근면, 정직, 순량, 청결, 저축 등의 습속을 함양하는데 있었다. 일본에서는 이를 <통속교육위원회>라는 기구를 설치하여 사회교화라는 차원에서 실행하였는데, 조선에서는 이러한 사회교화 정책을, 보통학교를 거점으로 구상한 점이 일본과 다르다 할 수 있다.20)

---

18) 정재철(1985), 『日帝의 對韓國植民地敎育政策史』, 일지사, pp.193~210
19) 학부(1909.03), 『敎科書의 內容에 關한 調査』
20) 정혜정·배영희(2004), 「일제 강점기 보통학교 교육정책연구」, 『敎育史學 硏究』, 서울대학교 敎育史學會 편, p.166 참조

이에 따라 일제는 구학부가 편찬한 교과서뿐만 아니라 검정 및 인가한 교과서에 대해서도 시정하도록 지침을 하달하였다. 이는 주로 황실에 관한 사항, 국호, 연호 및 축제, 제도에 관한 것, 한국과 일본 간의 역사적 사실에 관한 것에 대한 수정지침으로, 일제는 1911년 2월 舊學部 검정 및 인가 교과용 도서에 대한 「敎授上의 注意 幷 字句訂正表」[21]를 제정, 반포하였다. 이 「敎授上의 注意 幷 字句訂正表」에 나타난 일제의 교수정책은 다음과 같이 요약할 수 있다.

첫째, 황실에 관한 것

조선인으로 하여금 대한제국의 황실 대신 일본 황실을 봉대(奉戴)하도록 하고 일본의 황국신민임을 인식시키는데 중점을 두게 했다. 그 상세한 지침은 다음과 같다.

① 한일합병의 결과로 조선인이 받들을 황실은 대일본 천황폐하, 황후폐하 및 황족인 것.

② 역사 교과서 중에 前 한국 황제폐하에 대하여 '금상폐하'라는 경칭을 사용한 것이 있으나 금일 이후로는 대단히 부적절하므로 사용하지 말 것.

③ 역사 교과서 중에 현재 천황폐하에 관한 기사에 '일본 천황께

---

21) 舊學部檢定並ニ認可ノ図書ハ其數甚多ク、今般韓國併合ノ結果教材並ニ字句ノ不適當トナルニ至リタルモノ少カラザレドモ、各種各冊ニ就キ教授上ノ注意並ニ字句ノ訂正ヲナスハ殆ト其煩ニ堪ヘザルノミナラズ、教授者ノ參考トシテ却テ不便ノ點多カルベシト思惟スルニ付、此種ノ圖書中ニ顯ハルル不適當ナル事項ヲ概括列舉シ、之ニ對シテ一般的注意ヲ與フルコトヽナセリ、故ニ或特殊ノ教材ニ對シテハ的確ニ當嵌マラザル場合往々之アルベシト雖モ、教授者ハ宜シク下ニ揚クル各事項ニ關スル注意ヲ熟讀シ、之ニ準據シテ教科書中ノ不適當ナル記事並ニ字句ヲ訂正教授シ、教育上遺算ナカランコトヲ要ス。教授上ノ注意並ニ字句訂正表 内務部學務局：「第二 舊學部檢定及認可教科用圖書ニ對スル教授上ノ注意」『植民地朝鮮教育政策史料集成』第18巻 - 第四集 教科書編纂關係資料 - 龍溪書舍(1990), pp.10~15(각주 27번까지 동일자료)

서는' 등으로 기술하여 경칭을 사용하지 않은 것이 있는데, 이런 경우엔 반드시 '폐하'라는 경칭을 부가하여 '일본국 천황폐하께옵서는'과 같이 정정 교수할 것.

④ '本朝' 또는 '我朝' 등의 말을 사용한 여러 교과서가 있으나 이는 모두 '李朝'로 고칠 것.22)

둘째, 국호에 관한 것

① 역사, 지리, 독본 등의 교과서에 '이조 태조가 業을 創하여 국호를 조선이라 정하고 광무 원년에 至하여 <大韓>'이라 개칭한 일을 기술한 것이 많으나, 이를 교수할 경우에는 국호는 1910년 8월 29일 <칙령 제318호>로써 폐지되고 '朝鮮'이라 칭하기로 정한 것을 알게 할 것.

② 종래의 교과서 중에는 대한제국, 한국, 또는 我國, 我韓, 本國 등의 명칭을 사용한 것이 많은데, 조선은 이미 대일본제국의 일부가 됨으로써 이러한 명칭을 개정 교수함이 긴요함.23)

---

22) 第一 皇室ニ關スル事 : 學部檢定並ニ認可ノ圖書中、前韓國皇室ニ關スル記事ヲ揭グルモノアリ、斯ル敎材ハ今日其儘之ヲ敎授スベカラザルハ言ヲ俟タズ、敎師ハ宜シク左記各項ノ趣旨ニ依リ訂正敎授スベシ。一、日韓倂合ノ結果、朝鮮人ノ奉戴スル皇室ハ大日本 天皇陛下、皇后陛下並ニ皇族ナルコト、二、歷史等ノ書中、前韓國皇帝陛下ニ對シ「今上陛下」ナル敬稱ヲ用ヒタルモノアレドモ、今日ニ於テハ全然不適當ナルニツキ使用スベカラザルコト。三、歷史等ノ書中、現在ノ天皇陛下ニ關スル記事ニ「日本國天皇陛下께서는」ナド記シテ敬稱ヲ用ヒザルモノアリ、斯ル場合ニハ必ズ「陛下」ナル敬稱ヲ附加シ、「日本國天皇陛下께옵서는」ノ如ク訂正敎授スベキコト。四、「本朝」又ハ「我朝」等ノ語ヲ用フル所諸書ニ之アルモ總テ「李朝」ト改ムベキコト。

23) 第二 國號ニ關スル事 : 一、歷史、地理、讀本等ノ書ニ於テ李朝太祖業ヲ創メ國號ヲ朝鮮ト定メ、降テ前太皇帝ノ光武元年ニ至リ改メテ大韓ト稱セシコトヲ記スルモノ多キモ、斯ル事項ヲ敎授スル場合ニ於テハ該國號ハ明治四十三年八月二十九日勅令第三百十八號ヲ以テ廢止セラレ朝鮮ト稱スルコトニ定メラレタルヲ知ラシムベシ。二、從來ノ敎科書中ニハ「大韓帝國」、「韓國」、「我國」、又ハ「本國」、「我韓」等ノ名稱ヲ用フルコト頻ル多キモ、朝鮮ハ旣ニ大日本帝國ノ一部ナルヲ以テ此等ノ名稱ヲ適當ニ訂正敎授スルコト緊要ナリ、然レドモ此種ノ例ハ殆ト枚擧ニ邊アラザルヲ以テ左ニ數例ヲ揭ケテ訂正ノ標準ヲ示スニツキ、敎師ハ此等ヲ參考シテ適宜ノ措置ヲナスヲ要ス。(擧例中訂正ノ字句ハ括弧ニ入ル)

### 셋째, 연호에 관한 것

역사 교과서에 전 한국 황제의 즉위와 함께 융희(隆熙)라 改元한 일을 기술한 것이 있는데, 이와 같은 것을 교수할 경우에는 구한국의 연호 융희는 1910년 8월 29일로 폐지되고 앞으로는 메이지(明治)의 연호를 사용함이 당연한 것을 알게 할 것.24)

### 넷째, 축제일에 관한 것

① 독본 등의 교과서 가운데 개국기원절 또는 건원절에 관한 교재를 게재한 것이 있는데 구한국 경축일은 이미 폐지되었으므로 지금부터는 이러한 교재는 교수치 말고 대일본제국 국민으로서 당연히 제국의 축제일을 준수할 것을 가르치며, 또한 본서의 부록으로는 <축제일 약해>를 달아 축제일에 관한 일반 주의와 각 축제일의 요령을 교수할 것.

② 독본 중에 구한국 국기에 관한 교재를 게재한 것이 있으나 이 역시 교수치 말고 지금부터는 마땅히 일장기가 국기임을 알게 할 것과 축제일에는 일장기를 세워 성의를 표하도록 가르칠 것.25)

### 다섯째, 제도에 관한 것

구한국의 중앙 정부조직 및 지방행정 제도를 게재한 도서가 적지 않은데, 이 교재는 이제 교수 불가함. 교사는 마땅히 1910(明治43)

---

24) **第三 年號ニ關スル事**：歷史等ノ書ニ於テ前韓國皇帝ノ卽位ト共ニ隆熙ト改元セラレタル事ヲ記スルモノアリ、斯ル事項ヲ教授スル場合ニハ、舊韓國ノ年號隆熙ハ隆熙四年八月二十九日限廢止セラレ、同日ヨリ以後ハ明治ノ年號ヲ用フベキコトヲ知ラシムベシ。

25) **第四 祝祭日ニ關スル事**：一、讀本等ノ中ニ開國紀元節又ハ乾元節ニ關スル教材ヲ掲載スルモノアリ、然レドモ舊韓國慶祝日ハ既ニ廢止セラレタルモノナレバ、自今此等ノ教材ハ教授スルコトナク、大日本帝國國民トシテ當然帝國ノ祝祭日ヲ尊守スベキコトヲ教ヘ、日本書ノ附錄トセル祝祭日略解ニ依リ祝祭日ニ關スル一般ノ心得ト各祝祭日ノ要領トヲ授クベシ。二、讀本中ニ舊韓國國旗ニ關スル教材ヲ掲クルモノアリト雖モ、之レ亦教授スルコトナク、自今宜シク日章旗ヲ以テ國旗ト心得ベキコト、並ニ祝祭日等ニ日章旗ヲ立テ、誠意ヲ表スベキコトヲ教フベシ。

년 9월 30일 <칙령 제354호> 조선총독부관제, <칙령 제357호> 조선총독부 지방관 관제 등에 기초하여 현재의 정치기관 일반을 교수함이 타당하며, 그 대요는 「학부편찬 보통학교용 교과서에 관한 주의」 중에서, 『국어독본』 권5 제9과 「정치기관」에 대하여 부여한 주의 각 항을 참조할 것을 요함.26)

여섯째, 과거 日本과 朝鮮 간에 발생한 歷史上 사실에 관한 것

　역사 지리 등의 교과서 중에 '왜구'라 칭하던 일본의 조선 침략, 몽고 및 고려의 일본 원정, 임진란의 기사 등을 다소 기재한 것이 있는데, 이러한 교재를 가르칠 경우 교수자는 신중하게 주의하여, 결코 과장된 언사를 사용하는 사항을 가르치는 일이 없어야 함은 물론, 피교육자의 사정, 학년 등에 따라 역사 또는 지리 수업에서 어쩔 수 없이 필요한 사항에 한하고, 오로지 일본인과 조선인 간의 감정을 해치는 사항의 수업은 피하고, 기타 예와 같이 임진란의 義士를 들어 義勇을 교육하는데, 이것도 다른 예화로 대신할 것이며, 또 가끔 지리서에 있는 임진란 등의 유적 등에 대하여도 당시 현지의 산업에 관한 사항 설명에 힘쓰는 등, 교수상의 주의에 끊임없이 진력할 것.27)

---

26) 第五 制度ニ關スル事：舊韓國ノ中央政府組織並ニ地方行政制度ヲ掲載スル圖書少カラザルモ、斯ル教材ノ今日ニ於テ教授スベカラザルハ言フ俟タズ、教師ハ宜ク明治四十三年九月三十日勅令第三百五十四號朝鮮總督府官制、勅令第三百五十七號朝鮮總督府地方官官制等ニ基キ簡明ニ現時ノ政治機關一斑ヲ教授スベシ、其大要ハ學部編纂普通學校用教科書ニ關スル注意中國語讀本卷五第九課「政治ノ機關」ニ就キ與ヘタル注意各項(第七頁)ヲ參照スルヲ要ス。

27) 第六 舊時日本朝鮮間起歷史上事實ニ關スル事：歷史地理等ノ書中ニ昔時倭寇ト稱セシ日本邊民ノ朝鮮侵略、蒙古及高麗ノ日本入寇並ニ壬辰亂(文錄慶長ノ役)記事等ヲ多少記載スルモノアリ、此等ノ教材ヲ教授スル場合ニ於テ教授者ハ最モ愼重ノ注意ヲ以テシ、決シテ誇張ノ言辭ヲ用ヒ杜選ノ事項ヲ教フル等ノコト有ルベカラザルハ勿論、被教育者ノ種類學年等ニ應シ、歷史又ハ地理ノ教授トシテ必要止ムヲ得ザル範圍ニ止メ、徒ラニ内地人朝鮮人間ノ感情ヲ害スルニ過ギサルガ如キ事項ハ之ヲ教授スルヲ避クベシ、其他、例ヘハ壬辰亂ノ義士ヲ假リテ義勇ヲ說クノ類ハ他例ヲ以テ之ニ代ヘ、又往々地理書中ニ擧ケラレタル壬辰亂等ノ遺跡ノ如キモノニ就キテハ、寧口其地點ノ現在ニ

일곱째, 축제일을 준수하도록 가르칠 것

　　대일본제국 국민된 자는 제국의 축제일을 준수하여 국민된 성의
를 표함은 당연한 도리이며 청년학도의 교육상에 있어서, 그리고
일반대중을 상대로 풍속교화에 중요한 관련을 갖는 것인즉, 교직에
종사하는 자는 일본제국 축제일의 의의를 알게 하여 교육상 소홀함
이 없게 해야 할 것이라.28)

하였다. 이러한 지침을 볼 때, 당시 『國語讀本』을 비롯한 모든 교과 내
용에 상당 부분을 할애하여 특히 강조된 점은 일본 國體의 인식과 천황
가에 대한 충성심을 불어넣어, 조선 아동을 황국신민으로 길러내는데
보다 역점을 두었음을 짐작할 수 있다.


## 5. 『訂正 普通學校學徒用國語讀本』의 표기 및 배열

　『訂正 普通學校學徒用國語讀本』은 朝鮮總督府에 의해 編纂되고, 總務
局印刷所에서 印刷된 초등교육과정 일본어 입문 교과서이다. 『訂正 普通
學校學徒用國語讀本』은 통감부 시기 學部의 편수과장 오다 쇼고(小田省
吾)와 편수관 다치가라 노리토시(立柄敎俊), 장학관(視學官) 이시다 신타

---

於ケル交通産業等ニ關スル事項ヲ說敍スルニ力ヲ用フル等、常ニ適當ナル教
授上ノ注意ヲ怠ルベカラズ。
28) 大日本帝國國民된ᄂᆞᆫ均히帝國의祝祭日을遵守ᄒᆞ야,國民된誠意를表흠은當然흔義
이며,且青年學徒의教育上은勿論이어니와一般風教上至重흔關係를有흔者인즉,苟
히教職上에從事ᄒᆞᄂᆞᆫ者ᄂᆞᆫ帝國祝祭日의意義를悉知ᄒᆞ야教育上疏漏흠이無케홀지니
라. 축제일로는 四方拜(1월 1일), 元始祭(1월 3일), 孝明天皇祭(1월 30일), 紀元節
(2월 1일), 神武天皇祭(4월 3일), 天長節(11월 3일), 神嘗祭(10월 17일), 新嘗祭
(11월 23일), 春季皇靈祭(春分日), 秋季皇靈祭(秋分日)가 있다. 「教授上의 注意
幷 字句訂正表」, 附錄 「祝祭日略解」, 《每日申報》, 1911. 3. 2, 3면

로(石田新太郎)에 의해 편찬되었던 『日語讀本』의 정정본으로, 합병 후 관공립소학교의 정식교과목으로 4년제였던 당시 보통학교의 수업연한에 맞추어, 한 학기에 한 권씩 4년 동안 모두 8권 8책을 이수하도록 구성하였다.

『訂正 普通學校學徒用國語讀本』은 아직 일본어를 접하지 못한 조선 아동을 대상으로 편찬된 일본어 교과서로, 내용 전체가 일본어로 되어 있으며, 외국어로서 일어를 일본의 문화와 함께 쉽고 빠르고 정확하게 습득할 수 있도록 체계적으로 구성되어 있다.

통감부 시절 초기에는 공립학교 아동에 한하여 교과서는 무상으로 지급되었으나, 1909년 5월 이후는 무상지급에서 대여(貸與)로 바뀌었으며, 1911년에 제정된 <普通學校令施行規則>에 의해 1913년부터는 신규편찬(新規編纂)의 교과서에 대해서는 자비구입 하도록 했다. 학부 편찬 교과서는 10~12錢에 비해, 『訂正 普通學校學徒用國語讀本』은 절반 정도인 6錢의 저가로 보급했다. 흑회색 양장본으로 된 『訂正 普通學校學徒用國語讀本』 8권의 출판사항은 <표 5>와 같다.

<표 5> 朝鮮總督部編纂 『訂正普通學校學徒用國語讀本』의 출판 사항

| 卷數 | 출판년도 | 사이즈 | | 課 | 頁 | 정가 | 학년 학기 |
| | | 縱 | 橫 | | | | |
|---|---|---|---|---|---|---|---|
| 卷一 | 1911 | 22 | 15 | 39 | 70 | 6 錢 | 1학년 1학기 |
| 卷二 | 1911 | 22 | 15 | 28 | 77 | 6 錢 | 1학년 2학기 |
| 卷三 | 1911 | 22 | 15 | 25 | 86 | 6 錢 | 2학년 1학기 |
| 卷四 | 1911 | 22 | 15 | 26 | 88 | 6 錢 | 2학년 2학기 |
| 卷五 | 1911 | 22 | 15 | 30 | 80 | 6 錢 | 3학년 1학기 |
| 卷六 | 1911 | 22 | 15 | 22 | 76 | 6 錢 | 3학년 2학기 |
| 卷七 | 1911 | 22 | 15 | 18 | 67 | 6 錢 | 4학년 1학기 |
| 卷八 | 1911 | 22 | 15 | 20 | 88 | 6 錢 | 4학년 2학기 |
| 總 8冊 8卷 | | | | 208 | 632 | | |

　『訂正 普通學校學徒用國語讀本』의 특징은, 띄어쓰기가 없는 일본어 표기에서 모어(母語)를 달리하는 조선 아동이 처음 일본어로 된 교과서를 접하는데 있어서 쉽게 이해시키기 위하여 저학년(1, 2학년)용에 '띄어쓰기'가 되어 있는 것과, 존경어와 겸양어 연습, 인칭과 호칭, 능동과 수동 등 난이도를 고려하여 문법을 체계적으로 제시한 점을 들 수 있다. 그리고 일본어를 일본의 문화와 함께 쉽고 빠르고 정확하게 습득하게 하기 위하여 삽화를 이용하였고, 생활에서 흔히 사용되는 단어, 절, 문장으로 이야기를 꾸며 한 단원을 전개하였으며 내용 또한 일상생활과 밀접한 내용을 주제로 하여 학습자의 흥미를 이끌고자 하였다. 저학년에 비해 고학년으로 갈수록 문장이 길어지고, 문법 또한 다양해지는 것을 알 수 있다.

　또한 각 단원의 구성은 단원이 시작되는 부분에 신출단어를 제시하여 먼저 단어를 익히게 하고, 본문을 습득한 후에 연습문제를 수록하는 것으로 배운 내용을 반복학습 할 수 있도록 하였다. 본문의 내용은 일상생활, 자연과학, 새로운 문명, 날씨 등의 다양한 주제를 다루었으며, 이야기를 통한 바른 어법이 이루어질 수 있도록 문장을 구성하고 있으며, 역사, 지리는 물론, 인체의 활동이나 밤낮 길이의 변화 등 자연과학에 대한 내용도 상당히 많은 부분을 차지하고 있다.

　『訂正 普通學校學徒用國語讀本』의 내용을 살펴보면 일본어 교육은 물론이고, 각 학년별로 근대일본의 발전상황이나 일본의 행정체계, 지도 또는 삽화에 있어서 등장인물의 의상이나 머리모양 등 일본인의 풍속이나 의복이 그대로 사용되고 있는 것을 알 수 있다. 이러한 점은 강점 초기 동화교육을 목적으로 한 일본의 정치적 교육적 의도가 이미 초등학교용 교과서에까지 확연하게 미치고 있음을 말해준다 하겠다.

특히『訂正 普通學校學徒用國語讀本』의 내용 중 문명화 된 중국이나 백제의 문물을 받아들이는 부분이 기록된,『日語讀本』卷七의 4과「朝鮮と日本との交通」과, 5과「日本と支那との交通」이라는 단원이 통째로 삭제되어 있으며, 또 卷八의 4과「日淸戰爭」과 15과「日露戰爭」에서는『日語讀本』에 비해, 본문 마지막에 조선의 강점을 합리화하는 내용을 추가하였고, 16과에「日露戰爭後の日本」이라는 단원을 추가하여 주변국과의 모든 전쟁이 동양의 평화, 즉 조선의 평화를 위함이라는 내용을 명시함으로, 문명국이라는 우월의식을 바탕으로 교과서를 편찬하였음을 알 수 있다.

『訂正 普通學校學徒用國語讀本』은『日語讀本』과 비교할 때 내용과 단원의 양적 증가와 함께 특히 일본 본토를 중심으로 한 주변국 지도의 표기와 국명의 변화가 눈에 띈다. 그 밖에 역사(驛舍)와 같은 새로운 근대식 건물이나 그리고 등장인물의 의상도 관심을 끈다. 이는 밀려오는 근대 문명과 함께 일본에 의하여 점점 잠식되어 가는 韓末의 실정을 말해준다 할 수 있을 것이다. 또한 새로운 문화를 소개하는 단원이 눈에 띄게 많아지는데, 특히 산업사회가 발달하고 근대화가 되어감에 따라 고학년으로 갈수록 기차, 여관, 취직, 분업, 물건의 주문, 상거래, 화폐, 학술토의, 재판과 소송, 일본의 행정체계 등등에 관련된 내용이 늘어난다. 특히 교통수단의 발달과 함께 역사(驛舍)나 항만시설 등의 묘사를 보면, 당시 조선의 철도부설을 담당한 일본이 기차를 비롯한 교통수단을 이용하여 개화된 문명을 조선에 전해주었다는 간접적인 메시지가 담겨 있는 것으로 해석된다.

이어 통감부시절부터 일제강점기까지 조선인에게 교육했던 일본어 교과서를, '통감부기'와 '일제강점기'로 대별하고, 다시 일제강점기를 '1

기에서 5기'로 분류하여, '교과서명, 편찬연도, 권수, 초등학교명, 편찬처' 등을 <표 6>으로 정리하였다.

<표 6> 統監府期, 日帝强占期 사용한 日本語教科書

| 時期 | 主要法令 | 日本語教科書 名稱 | | | 編纂年度 및 卷數 | 學校名 | 修業年限 | 編纂處 |
|---|---|---|---|---|---|---|---|---|
| 統監府期 | 普通學校令 (1906. 8. 27) | 普通學校學徒用 日語讀本 | | | 1907~08 全8卷 | 普通學校 | 4 | 大韓帝國學部 |
| | | 訂正 普通學校學徒用 國語讀本 | | | 1911. 3. 15 全8卷 | 普通學校 | 4 | 朝鮮總督府 |
| 日帝强占期 | 第1次朝鮮教育令 (1911. 8. 23) | 一期 | 普通學校國語讀本 | | 1912~15 全8卷 | 普通學校 | 4 | 朝鮮總督府 |
| | 第2次朝鮮教育令 (1922. 2. 4) | 二期 | 普通學校國語讀本 | | 1923~24 全12卷 | 普通學校 | 6 | (1~8)朝鮮總督府 (9~12)日本文部省 |
| | | 三期 | 普通學校國語讀本 | | 1930~35 全12卷 | 普通學校 | 6 | 朝鮮總督府 |
| | 第3次朝鮮教育令 (1938. 3. 3) | 四期 | 初等國語讀本 | | 1939~41 全12卷 | (尋常) 小學校 | 6 | (1~6)朝鮮總督府 (7~12)日本文部省 |
| | 第4次朝鮮教育令 (1943. 4. 1) | 五期 | ヨミカタ | 1~2 學年 | 4卷 | 1942 1~4卷 | 國民學校 (初等科) | 6 | 朝鮮總督府 |
| | | | 初等國語 | 3~6 學年 | 8卷 | 1942~44 5~12卷 | | | |

이번에 學部編纂 『日語讀本』의 정정본인 朝鮮總督府 編纂 『訂正 普通學校學徒用國語讀本』 原文書를 출판함은, 한국학(韓國學)을 연구하는데 필요한 자료 제공은 물론, <韓日合倂> 전후 한국에서의 '교육제도'와 '일본어 교육' 과정을 세심하게 살펴볼 수 있는 자료적 의미와 그동안 사장되었던 미개발 자료의 일부를 발굴하여 原文書를 체계적으로 정리해 놓는 것에 큰 의의를 두었다.

따라서 이 시대를 사는 우리들이 새로운 시점에서 보다 나은 시각으로 당시의 모든 문화와 역사, 나아가 역사관을 구명할 수 있는 자료로도 활용될 수 있기를 기대한다.

전남대학교 일어일문학과

김 순 전

## ≪朝鮮總督府編纂 訂正 普通學校學徒用國語讀本 凡例≫

1. 권1은 1학년 1학기, 권2는 1학년 2학기…… 권8은 4학년 2학기로 한다.

2. 원본의 세로쓰기를 편의상 좌로 90도회전하여 가로쓰기로 한다.

3. 신출단어 및 자형비교의 상란과 좌란은 각각 좌란과 하란으로 한다.

4. 반복첨자 기호는 가로쓰기이므로 반복 표기하고, 밑줄로 표시한다..

5. 본서 목차 (  )안과 본문내용 하단의 숫자는 원본 쪽수를 표기한 것임.

※ 5에 있어서, 원문의 여러 쪽을 한쪽으로 압축할 경우, 원문 마지막 행의 우
   단에 쪽수를 표기하기로 한다.(예 : 행 끝의 (1-5)와 같은 표시는, '朝鮮總督
   府編纂『訂正 普通學校學徒用國語讀本』卷一'의 5쪽을 의미함)

6. 한자의 독음은 (  )안에 표기한다.

7. 대화문과 지문 스타일은, 각 기수마다 다르므로 각 기수의 원문대로 표기한
   다.

8. 편지, 수필 등은 인용문으로 처리한다.

9. 출처는 국립중앙도서관 소장본을 저본으로 하였다.

朝鮮總督府編纂 訂正 普通學校學徒用

# 國語讀本 卷一

第1學年 1學期

朝鮮總督府編輯局出版

訂正

普通學校
學徒用

國語讀本

卷一

# 卷一─[1學年 1學期, 1911] 目 次[目次名 無]

## 第一課

本、　　　　敎場、

先生、　　　運動場、

生徒、　　　門、

學校、　　　黑板、

## 第二課

紙、　　筆、(1-1)

墨、　　硯

机、　　椅子、

腰掛、　　窓

## 第三課

| イ | 長イ筆、　　　短イ筆、 |
|---|---|
| | 太イ筆、　　　細イ筆、 |
| | 廣イ敎場、　　狹イ敎場、 |
| | 高イ机、　　　低イ腰掛、 (1-2) |

## 第四課

| カ | 大イ生徒、　　小イ生徒、 |
|---|---|
| ミ | 厚イ本、　　薄イ本、 |
| ナ | 黒イ墨、　　白イカミ、 |
| ガ | ナガイ烟管、　短イ白墨、 |

# 第五課

讀ミ、　　新聞、　　ヲ、

人、　　　マス、　　ガ、(1-3)

ヲ　　本ヲ、　讀ミマス。

マス　　新聞ヲ、　讀ミマス。

ス　　生徒ガ、　本ヲ、　讀ミマス。

人ガ、　新聞ヲ、　讀ミマス。(1-4)

## 第六課

木、　草、　花、　青イ、

赤イ、　　アリ、

アリ　木ガ、　アリマス。

草ガ、　アリマス。

花ガ、　アリマス。

太イ木ガ　アリマス。

| | |
|---|---|
| ハ | 靑イ草ガ、　アリマス。(1-5)<br>赤イハナガ、　アリマス。<br><br>**練習**<br><br>一、　高イ机ガ、　アリマス。<br>二、　低イ椅子ガ、　アリマス。<br>三、　厚イ紙ガ、　アリマス。<br>四、　長イ烟管ガ、　アリマス。 |

## 第七課

此處、　其處、　彼處、(1-6)

カ、　　ニ、

ニ　　此處ニ、　厚イ本ガ　アリマス。

　　　其處ニ、　赤イ花ガ、　アリマス。

　　　彼處ニ、　薄イ本ガ、　アリマス。

ソ　　ソコニ、　細イ筆ガ、　アリマスカ。(1-7)
コ　　アスコニ、　細イ筆ガ、　アリマス。

# 第八課

犬、　　居　　馬、

牛、　　兵隊、

アスコニ、　大イ牛ガ、　居マス。

ココニ、　小イ馬ガ、　居マス。(1-8)

ソコニ、　小イ犬ガ、　居マス。

アスコニ、　兵隊ガ、　居マスカ。

ヘ

タ

アスコニ、　ヘイタイガ、　居マス。

## 第九課

私、　アナタ、　ワ、　モ、

エ、　ハイ、　行キ、

| | |
|---|---|
| ワ | 私ワ、　本ヲ、　讀ミマス。(1-9) |
| | アナタワ、　本ヲ、　讀ミマスカ。 |
| モ | ハイ、　私モ　本ヲ、　讀ミマス。 |
| キ | 私ワ、　學校エ、　行キマス。 |
| エ | アナタワ、　學校エ、　行キマスカ。 |
| | ハイ、　私モ、　學校エ、　行キマス。 |

## 第十課

此　其、　彼

イイエ、　マセン、(1-10)

ノ
セ
ン

アナタワ、　**此本**ヲ、　讀ミマスカ。

私ワ、　**其本**ヲ、　讀ミマス。

アナタワ、　ソノ本ヲ、　讀ミマスカ。

イイエ、　私ワ、　コノ本ヲ、　讀ミマセン。

福童ワ、　**彼新聞**ヲ、　讀ミマス。

順明ワ、　ソノ新聞ヲ、　讀ミマス。(1-11)

## 第十一課

字、 繪、 カキ、 マシタ、

シ 福童ワ、 コノ本ヲ、 讀ミマシタ。

竹姫モ コノ本ヲ、 讀ミマシタ。

アナタワ、 アノ本ヲ、 讀ミマシタカ。(1-12)

イイエ、　ワタシワ、　アノ本ヲ、　讀ミマセン。

アノ生徒ワ、　繪ヲ、　カキマス、

コノ生徒ワ、　字ヲ、　カキマス。

## 第十二課

讀本、　　出シ、　　ナサイ、

開ケ、　　擧ゲ、　　テ、(1-13)

紙ヲ、　出シマシタカ。

ハイ、　紙ヲ、　出シマシタ。

サ　讀本ヲ、　オ出シナサイ。

ケ　本ヲ、　オ開ケナサイ。

オ　ハイ、　本ヲ、　開ケマシタ。

テ　テヲ、　オ擧ゲナサイ。

ゲ

### 練習

一、　本ヲ、　オ讀ミナサイ。

二、　字ヲ、　オカキナサイ。(1-14)

三、　繪ヲ、　オカキナサイ。

## 第十三課

コレ、　　ソレ、　　アレ、

笠、　　帽子、　　石筆、

デス、

レ
デ

コレワ、　私ノ机、　デス。

ソレワ、　アナタノ笠、　デス。

アレワ、　アナタノ帽子、　デスカ。(1-15)

ハイ、　アレワ、　私ノ帽子、　デス。

コレワ、　アナタノ石筆、　デスカ。

ハイ、　ソレワ、　私ノ石筆、　デス。

## 第十四課

何、　　誰、　　サン、

橋、　　知リ、


アレワ、　何、　デスカ。

アレワ、　橋、　デス。(1-16)

アノ人ワ、　誰、　デスカ。

アノ人ワ、　李サン、　デス。

アノ本ワ、 何ノ本、 デスカ。

アレワ、 讀本、 デス。(1-17)

コレワ、 誰ノ帽子、 デスカ。

私ワ、 知リマセン。

ソレワ、 先生ノ帽子、 デス。

## 第十五課

ドレ、 ドコ、 家、

屋根、 鳥、

ト｜アスコニ、 トリガ、 居マス。

ド｜ドコニ、 鳥ガ、 居マスカ。(1-18)

アノ家ノ、 屋根ニ、 居マス。

ココニ、 本ガ、 アリマス。

ドレガ、 アナタノ本、 デ
スカ。

コレガ、 私ノ本、 デス。

(1-19)

## 第十六課

一、　二、　三、　四、

五、　六、　七、　八

九　　十、　數エ、　枚

ココニ、　紙ガ、　アリマス。

私ガ、　コレヲ、　數エマス。

一枚、　二枚、　三枚、　四枚、　五枚、

六枚、　七枚、　八枚、　九枚、　十枚。

ココニ、　セキヒツガ、　アリマス。(1-20)

一本、　二本、　三本、　四本、　五本、

六本、　七本、　八本、　九本、　十本。

ヒ

ツ

## 第十七課

子供、　　金、　　圓、

錢　　　厘、


子供ガ、　金ヲ、　數エテイマス。

一圓、　二圓、　三圓、　四圓、　五圓、

六圓、　七圓、　八圓、　九圓、　十圓。(1-21)

一錢、　二錢、　三錢、　四錢、　五錢

六錢、　七錢、　八錢、　九錢、　十錢。

一厘、　二厘、　三厘、　四厘、　五厘、

六厘、　七厘、　八厘、　九厘、　十厘。

十厘ガ、　一錢　デス。

## 第十八課

見、　　幾、　　匹、

起キ、　　寝、(1-22)

コノ繪ヲ、　見マシタカ。

ココニ、　牛ガ、　居マス。

ウ　ウシガ、　幾匹、　居マスカ。

三匹、　居マス。

馬ガ、　幾匹、　居マスカ。(1-23)

二匹、　居マス。

馬ワ、　起キテイマス。

牛ワ、　寝テイマス。

## 第十九課

朝、　　夜、　　何時、

早ク、　　遅ク、


アナタワ、　朝ワ、　何時ニ、　起キマスカ。(1-24)

私ワ、　朝ワ、　六時ニ、　起キマス。

夜ワ、　何時ニ、　寝マスカ。

ヨルワ、　九時ニ、　ネマス。

李サンワ、　早ク、　起キマス。

金サンワ、　遅ク、　寝マス。

ヨ
ル
ネ
ク

## 第二十課

クダサイ、　イクラ、　**幾本**、

マシヨウ、　アゲル、　ドノ、(1-25)

フ　　フデヲ、　クダサイ。

ダ　　ドノ筆ヲ、　アゲマシヨウカ。

　　　アレヲ、　クダサイ。

　　　幾本、　アゲマシヨウカ。

　　　三本、　クダサイ。

ラ　　一本、　イクラ、　デスカ。

　　　一本、　二錢五厘、　デス。

　　　コノ紙、　一枚、　イクラ、　デスカ。(1-26)

　　　一枚、　二厘、　デス。

## 第二十一課

教エ、　　習イ、　　立チ、

皆、　　　坐リ、

先生ガ、　本ヲ、　教エマス。

生徒ワ、　習イマス。

先生ガ、　本ヲ、　教エテイマス。

生徒ガ、　習ツテイマス。(1-27)

| | |
|---|---|
| ホ<br>チ | 先生ワ、　立ツテイマス。<br><br>生徒ワ、　坐ツテイマス。<br><br>生徒ワ、　皆、　ホンヲ、　開ケテイマス。(1-28)<br><br>生徒ガ、　立チマシタ。<br><br>生徒ワ、　坐リマシタ。 |

## 第二十二課

歸リ、　今日、　オトウサン、

ニモ、　オカアサン、　　ネ、

カラ、　ト、


正福ワ、　學校カラ、　歸リマシタ。

正福。　オトウサン、　歸リマシタ。(1-29)

| | |
|---|---|
| ヤ | オトウサン。 ハヤク、 歸リマシタネ。 |
| | 今日ワ、 何ヲ、 習イマシタカ。 |
| | 正福。 算術ト、 習字ト、 國語ヲ、 習イマ シタ。 |
| | オトウサン。習字ノ紙ヲ、 オ見セナサイ。(1-30) |
| | 正福ハ、 習字ノ紙ヲ、 オトウサンニ、 見セマシタ。 |
| | オトウサン。 オカアサンニモ、 オ見セナサイ。 |

## 第二十三課

ビ

昨日、　　明日、　　遊ビ、

日曜日、　　月、(1-31)

今日ワ、　早ク、　起キマシタカ。

今日ワ、　遅ク、　起キマシタ。

今日ワ、　日曜日、　デス。

今日ワ、　遊ビマシヨウ。

明日ワ、　月曜日、　デス。

アナタワ、　作文ヲ、　書キマシタカ。

ハイ、　私ワ、　昨日、　書キマシタ。

私モ、　今日、　書キマシヨウ。(1-32)

## 第二十四課

買イ、　　　デ、　イツ、

美シイ、　　　　デシタ、


李。　　此繪ヲ、　買イマシタ。

張。　　美シイ繪デスネ、　イツ、　買イマシタカ。

李。　　昨日、　買イマシタ。

張。　　何處デ、　買イマシタカ。(1-33)

李。　　本町デ、　買イマシタ。

張。　　一枚、　イクラ、　デシタカ。

李。　　五錢、　デシタ。


コレ、　ソレ、　アレ、　ドレ、

コノ、　ソノ、　アノ、　ドノ、

ココ、　ソコ、　アスコ、　ドコ、

イツ、

ダレ、　(1-34)

## 第二十五課

汽車、　　走リ、　　來、

出、　　モウ、　　行キ、

汽車ワ、　早ク、　走リマス。

アスコニ、　汽車ガ、　走ツテイマス。

モウ、　ソコエ、　來マシタ。(1-35)

コノ汽車ワ、　何處エ、　行キマスカ。

京城エ、　行キマス。

何處カラ、 來マシタカ。

仁川カラ、 來マシタ。

何時ニ、 仁川ヲ、 出マシタカ。

八時ニ、 デマシタ。

### 練習

一、 汽車ワ、 何時ニ、 出マスカ。(1-36)

二、 九時ニ、 出マス。

三、 アナタワ、 何處エ、 行キマスカ。

四、 アノ人ワ、 何處カラ、 來マシタカ。

五、 アノ人ワ、 仁川カラ、 來マシタ。

## 第二十六課

マデ、　里、　時間、　カカリ、(1-37)

半、　　賃、　　等、　デシヨウ、

仁川カラ、　京城マデ、　幾里、　アリマスカ。

十里、　デス。

汽車ワ、　幾時間、　カカリマスカ。

一時間半、　カカリマス。

汽車賃ワ、　イクラ、　デスカ。

三等ワ、　五十錢　デス。(1-38)

二等ワ、　八十八錢、　デス。

一等ワ、　一圓二十五錢、　デシヨウ。

## 第二十七課

禮、　シ、　今、　ゴザイマス、

言イ、　善イ、


先生ガ、　今、　學校エ、　來マシタ。

生徒ガ、　皆、　禮ヲ、　シマシタ。

生徒ガ、　先生ニ、　言イマシタ。(1-39)

ゴ　先生、　オ早ウ、　ゴザイマス。

ザ　先生ガ、　生徒ニ、　言イマシタ。

皆サン、　オ早ウ、　ゴザイマス。(1-40)

アノ生徒ワ、　善イ生徒デ、　ゴザイマス。

### 練習

一、　アスコニ、　赤イ花ガ、　ゴザイマス。

二、　此烟管ワ、　長ウ、　ゴザイマス。

三、　汽車ワ、　早ウ、　ゴザイマス。

## 第二十八課

| | |
|---|---|
| ジ | 兄、　　弟、　ダイジ、　ヨク、(1-41)<br>勉強、　　惡イ、<br><br><br>順明ワ、　善イ子供、　デス。<br>順明ワ、　弟ヲ、　ダイジニ、　シマス。<br>順明ノ弟ワ、　惡イ子供、　デス。兄ヲ、ダイジニ、<br>シマセン。<br>順明ワ、　ヨク、　勉強シマス。<br>順明ワ、　ヨク、　運動シマス。<br>先生モ、　生徒モ、　順明ヲ、　ダイジニ、　シマス。<br><div style="text-align:right">(1-42)</div> |

## 第二十九課

桃、　　問ウ、　　澤山、

答エル、　　イクツ、


先生ガ、　桃ノ繪ヲ、　澤山、黑板エ、　カキマシタ。

先生ワ、　生徒ニ、　問イマシタ。

ココニ、　桃ガ、　イクツ、　アリマスカ。(1-43)

生徒ワ、　數エマシタ。

　　　一ツ、　二ツ、　三ツ、　四ツ、　五ツ、

　　　六ツ、　七ツ、　八ツ、　九ツ、　十。

生徒ガ、　答エマシタ。

十、　ゴザイマス。

# 第三十課

連レル、　父、　　母、(1-44)

後、　　内、　　親、

アノ人ワ、　子供ヲ、　二人、　連レテイマス。

アノ人ワ、　子供ノ父デ、　ゴザイマス。

大イ子供ガ、　兄デ、　ゴザイマス。

小イ子供ガ、　弟デ、　ゴザイマス。

父ワ、　二人ノ子供ヲ、　ダイジニ、　シマス。

(1-45)

| | |
|---|---|
| ロ | 三人ノ後ニクロイイヌガ、 立ツテイマス。 |
| ヌ | アノ子供ノ母ワ、 ドコニ、 居マスカ。 |
| | 母ワ、 内ニ、 居マス。(1-46) |
| | アノ二人ノ子供ワ、 親ヲ、 ダイジニ、 シマス。 |

**練習**

一人(ヒトリ)、 二人(フタリ)、 三人、

四人、 五人、 六人、 七人、 八人、

九人、 十人。

## 第三十一課

女ノ子、　男ノ子、　石、(1-47)

姉、　妹、　前、　ソウ、

家ノ前ニ、　女ノ子ト、　男ノ子ガ、　居マス。

女ノ子ガ、　姉デ、　男ノ子ガ、　弟、　デス。

二人ワ、　何ヲ、　シテイマスカ。

石エ、　字ヲ、　書イテイマス。

小イ妹ガ、　後カラ、　見テイマス。(1-48)

姉。　　コノ字ヲ、　何ト、　讀ミマスカ。

弟。　　姉ト、　讀ミマス。

姉。　　ソウデス。　ドコデ、　習イマシタカ。

(1-49)

弟。　　讀本ニ、　アリマシタ。

姉。　　姉ワ、　何處ニ、　居マスカ。

弟。　　ソコニ、　居マス。

## 第三十二課

暑イ、　　凉シイ、

晩、　　　外


今日ワ、　凉シウ、　ゴザイマス。

昨日ワ、　暑ウ、　ゴザイマシタ。(1-50)

ソウデシタカ。

私ワ、　朝カラ、　晩マデ、　內ニ、　居マシタ。

私ワ、　朝カラ、　晩マデ、　外(ソト)ニ、　居マシタ。

家ノ內ワ、　凉シウ、　ゴザイマシタ。

家ノ外ワ、　暑ウ、　ゴザイマシヨウ。

朝晩ワ、　凉シウ、　ゴザイマス。(1-51)

## 第三十三課

雨、　　降リ、　　止ム、

風、　　吹キ、　　大層、


昨日ワ、　雨ガ、　降リマシタ。

今日ワ、　大層涼シク、　ナリマシタ。

大層涼シイ風ガ、　吹キマス。

アメガ、　降ルト、　大層涼シク、　ナリマス。(1-52)

雨ガ、　止ムト、　暑ク、　ナリマス。

風ガ、　吹クト、　大層涼シウ、　ゴザイマス。

風ガ、　ヤムト、　暑ウ、　ゴザイマス。

メ

ム

## 第三十四課

郵便、 端書、 手紙、 ゴラン、

月(ガツ)、 日(ニチ)、 デワ、

郵便ガ、 來マシタ。(1-53)

| | | |
|---|---|---|
| ユ | 福童。 | オカアサン、 ユウビンガ、 來マシタ。 |
| | 母。 | 誰カラ、 デスカ。 |
| | 福童。 | 兄サンカラ、 デス。(1-54) |
| | 母。 | 早ク、 開ケテ、 見マシヨウ。 |
| | 福童。 | 手紙デワ、 ゴザイマセン。 端書デ、 ゴザイマス。 |
| | 母。 | 何ト、 書イテアリマスカ。 讀ンデ、 ゴランナサイ。 |
| | 福童。 | 「大層涼シク、 ナリマシタ。 ヨク、 勉強シテイマス。 七月十五日　順明」(1-55) |

**練習**

一、 勉強ト、 書イテ、 ゴランナサイ。

二、 言ツテ、 ゴランナサイ。

三、 本ヲ、 開ケテ、 ゴランナサイ。

## 第三十五課

切手、　貼リ、　ナゼ、(1-56)

代リ、　中、

ゼ

福童。　オカアサン、　コノ端書ニワ、　切手ガ、

アリマセン。

ナゼ、　切手ヲ、　貼リマセンカ。

母。　ヨク、　ゴランナサイ。

何カ、　アリマシヨウ。

福童。　ハイ、　小イ繪ガ、　アリマス。

母。　ソレガ、　切手ノ代リ、　デス。(1-57)

福童。　繪ノ中ニ、　一錢五厘ト、　書イテ、　ア

リマス。

手紙ニワ、　三錢ノ切手ヲ、　貼リマシヨ

ウ。

端書ワ、　一錢五厘デ、　ゴザイマスカ。

母。　ソウデス。

手紙ワ、　三錢デ、　端書ワ、　一錢五厘、
デス。(1-58)

福童。　　ナゼデ、　ゴザイマスカ。

母。　　手紙ニワ、　澤山、　書ケマシヨウ。
　　　　端書ニワ、　澤山、　書ケマセン。

## 練習

一、　コノ本ガ、　讀メマスカ。

　　　讀メマス。

二、　手紙ガ、　書ケマスカ。(1-59)

　　　書ケマス。

三、　早ク、　走レマスカ。

　　　走レマセン。

四、　今日、　六時ニ、　歸レマスカ。

　　　歸レマセン。

# 第三十六課

マダ、　　　　ユツクリ、

歩キ、　　　話、(1-60)

ゴランナサイ、　生徒ガ、　二人、　學校エ、　行キマ

ス。

アレワ、　張サント、　閔サン、　デス。

前ノガ、　張サンデ、(1-61)

後ノガ、 閔サン、 デス。

二人ガ、 話ヲ、 シテイマス。

モウ、 イク時ニ、 ナリマスカ。

七時半、 デス。

マダ、 早ウ、 ゴザイマス。

ユツクリ、 歩キマシヨウ。


**練習**

一、 大イノガ、 兄デ、 小イノガ、 弟、 デス。

(1-62)

二、 太イノガ、 アナタノ筆デ、
　　　細イノガ、 私ノ筆、 デス。

三、 高イノガ、 李サンノ家デ、
　　　低イノガ、 金サンノ家、 デシヨウ。

## 第三十七課

今朝、　　カラ、　　ナイ、

汗、　ヨ、　　休ミ、(1-63)

李。　　金サン、　モウ、　遅イカラ、　早ク、
歩キマシヨウ。

金。　　今朝ワ、　マダ、　遅クナイ、　デシヨ
ウ、　暑イカラ、　ユツクリ、　歩キマシ
ヨウ。

李。　　モウ、　早クワ、　アリマセンヨ。

金。　　早ク、　歩クト、　汗ガ、　出マス。
アナタワ、　汗ガ、　出マセンカ。(1-64)

李。　　私モ、　大層、　汗ガ、　出マシタ。

### 練習

一、　今朝ワ、　涼シイカラ、　早ク、　歩キマシ
ヨウ。

二、 汗ガ、 出ルカラ、 ユツクリ、 歩キマシ
ヨウ。

三、 暑イカラ、 ココデ、 休ミマシヨウ。(1-65)

## 第三十八課

日、　　月、　　入ル、

スグ、　　今夜、

モウ、　日ガ、　出マシタカ。

マダ、　日ワ、　出マセン。(1-66)

| グ | 日ガ、 出ルト、 暑ク、 ナリマス。 |
|---|---|
| | 日ガ、 入(ハイ)ルト、 涼シク、 ナリマス。 |
| | 日ガ、 入ルト、 月ガ、 出マス。 |
| | モウ、 スグ、 日ガ、 入リマシヨウ。 |
| | 今夜ワ、 月ガ、 早ク、 出マス。 |
| | モウ、 スグ、 月ガ、 出マシヨウ。 |

## 第三十九課

方、 向、 壁、(1-67)
右、 左、

先生ワ、 生徒ノ方エ、 向イテイマス。

生徒ワ、 先生ノ方エ、 向イテイマス。

先生ノ後ニ、 黑板ガ、 アリマス。

先生ノ前ニ、 机ガ、 アリマス。

生徒ノ後ニワ、 壁ガ、 アリマス。(1-68)

生徒ノ右ノ方ニモ、 カベガ、 アリマス。

左ノ方ニワ、 窓ガ、 アリマス。

べ

五十音

ア イ ウ エ オ

カ キ ク ケ コ

サ シ ス セ ソ

タ チ ツ テ ト (1-69)

ナ ニ ヌ ネ ノ

ハ　ヒ　フ　ヘ　ホ

マ　ミ　ム　メ　モ

ヤ　イ　ユ　エ　ヨ

ラ　リ　ル　レ　ロ

ワ　(ヰ)　ウ　(ヱ)　ヲ

ン　(1-70)

普通學校學徒用國語讀本卷一　終

明治四十四年三月十三日印刷
明治四十四年三月十五日發行
明治四十四年八月十五日再版
明治四十四年十四月十五日三版
明治四十四年十二月十五日四版
明治四十五年七月...五日五版

定價金六錢

朝鮮總督府

總務局印刷所印刷

朝鮮總督府編纂　訂正　普通學校學徒用

# 國語讀本　卷二

## 第1學年　2學期

朝鮮總督府編輯局出版

訂正

普通學校
學徒用

國語讀本

卷二

# 卷二 [1學年 2學期, 1911] 目 次[目次名 無]

## 第一課

東、　西、　南、　北、　毎日、

日ガ、　出マシタ。

アノ子供ワ、　日ノ方エ　向イテ、　立ツテイマス。

日ノ出ル方ヲ、　東ト、　イイマス。(2-1)

日ノ入ル方ヲ、　西ト、　イイマス。

| | |
|---|---|
| ギ | アノ子供ノ、 前ノ方が、 東デ、 後ノ方が、 西デ<br>ス。<br>アノ子供ノミギノ方ワ、 南デス。(2-2)<br>ヒダリノ方ワ、 北デス。<br>日ワ、 毎日、 東カラ、 出テ、 西エ、 ハイリマ<br>ス。 |

## 第二課

オボエ、　　忘レ、　　タチ、

注意、　　　ヘン、

ペ

李サンワ、　ヨク、　オボエマス。

一ペン、　讀ムト、　忘レマセン。(2-3)

私タチワ、　三ベンモ、　四ヘンモ、　讀ミマス。

李サンワ、　敎場デ、　ヨク、　注意シテイマス。

ヨク、　注意スルト、　忘レマセン。

私モ、　ヨク、　注意シマショウ。

一ペン、　ヨク、　オボエルト、　忘レマセン。(2-4)

　　　　一ペン、　　二ヘン、　　三ベン、

　　　　四ヘン、　　五ヘン、　　六ペン、

　　　　七ヘン、　　八ヘン、　　九ヘン、

　　　　十ペン。

## 第三課

眠リ、　　覺メ、　　目、

昨夜、　　氣持、


李。　　昨夜ワ、　ヨク、　眠リマシタカ。(2-5)

朴。　　ハイ、　昨日ワ、　ヨク、　運動シタカ
　　　　ラ、　昨夜ワ、　ヨク、　眠リマシタ。　ヨ
　　　　ク、　運動スルト、　ヨク、　眠レマス。

李。　　今朝ワ、　早ク、　目ガ、　覺メマシタ
　　　　カ。

朴。　　今朝ワ、　早ク、　目が、　覺メマシタ。
　　　　早ク、　起キルト、　氣持ガ、　善ウ、　ゴ
　　　　ザイマス。(2-6)

## 第四課

顔、　　洗ウ、　　眠イ、

ズイブン、

母。　　早ク、　起キテ、　顔ヲ、　オ洗イナサ

イ。

顔ヲ、　洗ウト、　目ガ、　覺メマス。　顔

ヲ、　洗ウト、　善イ氣持ニ、　ナリマス。

(2-7)

|   |   |
|---|---|
| ズ<br>ブ | 早ク、　起キナイト、　遅ク、　ナリマス<br>ヨ。<br>子供。　ハイ、　スグ、　起キマス。<br>　　　　昨日ワ、　ズイブン、　運動シマシタカ<br>　　　ラ、　今朝ワ、　眠ウ、　ゴザイマス。<br>　　　　　　　　　　　　　　　　　　(2-8)<br><br><br>　　　　■練習■<br>一、　ヨク、　注意シナイト、　スグ、　忘レマス。<br>二、　早ク、　行カナイト、　遅ク、　ナリマシヨウ。<br>三、　顔ヲ、　洗ワナイト、　目ガ、　覺メマセン。<br>　　　　　　　　　　　　　　　　　　(2-9) |

## 第五課

穴　耳、　鼻、　口、

ア、　　ソレデワ、


姉ガ、　妹ニ、　問イマシタ。

　　人ノ顔ニ、　穴ガ、　幾ツ、　アリマスカ。

妹ワ、　スグ、　答エマシタ。

　　四ツ、　アリマス。(2-10)

姉。　何ト、　何デ、　四ツデスカ。

妹。　目ガ、　二ツ。　鼻ガ、　一ツ。　口ガ、
　　　一ツ。　四ツデシヨウ。(2-11)

姉。　鼻ノ穴ワ、　一ツデスカ。

妹。　ア、　二ツデシタ。
　　　ソレデワ、　五ツデス。

姉。　モウ、　アリマセンカ。

妹。　マダ、　耳ガ、　アリマシタ。　皆デ、
　　　七ツデシタ。

## 第六課

大分、　　　頃、(2-12)

明ケ、　　　暮レ、

日ガ、　大分短ク、　ナリマシタ。

此頃ワ、　何時ニ、　夜ガ、　明ケマスカ。

六時半頃ニ、　明ケマス。

何時頃ニ、　日ガ、　暮レマスカ。

七時頃ニ、　暮レマシヨウ。

日ガ、　短ク、　ナルト、　夜ガ、　長ク、　ナリマス。

(2-13)

夜ガ、　短ク、　ナルト、　日ガ、　長ク、　ナリマス。

## 第七課

枝、　テツポウ、　思イ、

羽、　笑イ、　ウチ、　聞キ、


オ聞キナサイ。先生ガ、　生徒ニ、　何カ、　オ話ヲ、
シテイマス。(2-14)

　　木ノ枝ニ、　鳥ガ、　五羽、　居マシタ。

　　人ガ、　テツポウデ、　二羽、　ウチマシタ。

　　マダ、　ソコニ、　何バ、　居ルト、　思イマスカ。

一人ノ生徒ガ、　スグ、　手ヲ、　擧ゲテ、　答エマシ
タ。(2-15)

　　三羽、　居ルト、　思イマス。

一人ノ生徒ワ、　ユツクリ、　答エマシタ。

　　一羽モ、　居ナイト、　思イマス。

先生ワ、　笑イマシタ。　ソシテ、　言イマシタ。

　　ソウデス。　一羽モ、　居マセン。

　　皆サン。　ナゼ、　一羽モ、　居ナイト、　思イ
マスカ。

ポ

バ

## 第八課

野、　山、　明ルク、　暗ク、

心配、　喜ブ、


日ガ、　暮レテ、　暗ク、　ナリマシタ。

人ワ、　皆、　内エ、　歸ツテ、　野ニワ、　誰モ、　居マ
セン。

二人ノ子供ワ、　マダ、　野デ、　遊ンデイマシタ。

(2-17)

| パ | アノ子供ノ親ワ、 タイソウ、 心パイシテイルデシ |
|---|---|

ョウ。

月ガ、 東ノ山カラ、 出テ、 明ルク、 ナリマシタ。

(2-18)

子供ワ、 大層、 喜ビマシタ。 ソシテ、 内エ、 歸

リマシタ。

母ワ、 家ノ前ニ、 出テイマシタ。

子供ヲ、 見テ、 大層、 喜ビマシタ。 ソシテ、 言

イマシタ。

　　　ナゼ、 遲クマデ、 遊ンデイマシタカ。 オ

　　　カアサンワ、 タイソウ、 心配シマシタ。

(2-19)

## 第九課

上、　下、　魚、　水、

流レ、　又、

橋ノ上ニワ、　子供ガ、　二人、　居マス。

橋ノ下ニワ、　水ガ、　流レテイマス。

水ノ中ニワ、　魚ガ、　澤山、　居マス。

ゾ　子供ワ、　橋ノ上カラ、　魚ヲ、　カゾエテイマス。

(2-20)

| | |
|---|---|
| ピ | 一ピキ、　二ヒキ、　三ビキ、　四ヒキ、<br>五ヒキ。<br>子供ワ、　水ノ中ニ、　魚ガ、　五ヒキ、　居ルト、　思イマシタ。(2-21)<br>又、　一匹、　出テキマシタ。<br>一ピキノ魚ワ、　ドコカラ、　出テキタト、　思イマスカ。<br>子供ワ、　ソノ魚ガ、　何處カラ、　出テキタカ、<br>知リマセン。<br>又、　何時(イツ)、　出テキタカ、　知リマセン。<br>　　　　　　　　　　　　　　　　　　(2-22)<br><br>　　　**練習**<br>一、　アナタノ本ワ、　何處ニ、　アルカ、　知リマセン。<br>二、　橋ノ下ニ、　魚ガ、　幾ヒキ、　居タト、　思イマスカ。 |

三、 橋ノ下ニ、 魚ガ、 幾ヒキ、 居タカ、 知リ
マセン。

四、 汽車ワ、 何時ニ、 出ルト、 思イマスカ。

五、 汽車ワ、 何時ニ、 出ルカ、 知リマセン。

(2-23)

## 第十課

オ祖父サン、　　オ祖母サン、

針、　　　廻ル、　　　事、

オ祖父サンガ、　子供ニ、　時計ノ事ヲ、　教エテイマ
ス。

オ祖母サンモ、　聞イテイマス。

ゴラン。　コノ長イ針ガ、　一ペン、(2-24)

廻ルト、　一時間デス。　ココニ、　字ガ、　アリマシヨ

ウ。 長イ針ガ、 字カラ、 字マデ、 廻ルト、 五分デス。(2-25)

五分、 十分、 十五分、 二十分、 三十分ト、 數エマス。

皆デ、 幾分ニ、 ナルカ、 數エテゴラン。

三十五分、 四十分、 四十五分、 五十分、 五十五分、 六十分。

六十プンガ、 一時間デス。(2-26)

## 第十一課

店、　　賣ル、　　　兩方、

ヤ、　　　ズツ、


コレワ、　筆ヤ、　墨ヤ、　紙ヲ、　賣ル店デス。

太郎ワ、　筆ヲ、　買イニ、　來マシタ。

太郎。　筆ヲ、　見セテクダサイ。

店ノ人。　ハイ、　太イノヲ、　上ゲマシヨウカ。

　　　　　細イノヲ、　アゲマシヨウカ。(2-27)

太郎。　兩方、　見セテクダサイ。

店ノ人ワ、　筆ヲ、　澤山、　出シテ、　太郎ニ、　見セ
マシタ。

太郎。　コレワ、　イクラ、　デスカ。(2-28)

店ノ人。　ソレワ、　一本、　三錢ズツデ、　ゴザイ
マス。

コレワ、　一本、　四錢ズツデ、　ゴザイ
マス。

ボ　　太郎。　兩方、　三ボンズツ、　下サイ。

皆デ、　イクラニ、　ナリマスカ。(2-29)


濁音

ガ　ギ　グ　ゲ　ゴ

ザ　ジ　ズ　ゼ　ゾ

ダ　(ヂ)　(ヅ)　デ　ド

バ　ビ　ブ　ベ　ボ

半濁音

パ　ピ　プ　ペ　ポ

## 第十二課

雪、 積モル、 強イ、 弱イ、(2-30)

アンナニ、 コンナニ、 恐レ、 寒サ、

雪ガ、 積モツテ、 野モ、 山モ、 アンナニ、 白ク、 ナリマシタ。(2-31)

マダ、 コンナニ、 降ツテイマス。 夜マデ、 降ルト、 ズイブン、 積モリマシヨウ。 雪ノ、 積モツタ朝ワ、 氣持ガ、 善ウ、 ゴザイマス。

雪ガ、 積モルト、 犬ガ、 大層、 喜ビマス。

ゴランナサイ。 犬ガ、 アンナニ、 喜ンデ、 走ツテ
イマス。(2-32)

犬ヤ、 子供ワ、 寒サヲ、 恐レマセン。

寒サヲ、 恐レル犬ワ、 弱イ犬デス。

寒サヲ、 喜ブ子供ワ、 強イ子供デス。

　　　寒サ、　　暑サ、　　涼シサ、

　　　高サ、　　廣サ、　　長サ、

　　　太サ、　　厚サ、　　強サ、(2-33)

## 第十三課

ヨウ、　　奇麗、　　ドンナニ、

テモ、　　眞白、

雪ガ、　木ノ枝ニ、　積モツテ、　花ノヨウニ、　ナリマ
シタ。

野モ、　山モ、　眞白ニ、　ナツテ、　アンナニ、　奇麗
デス。

今日ワ、　内ニ、　居テモ、　寒ウ、　ゴザイマス。

(2-34)

外エ、 出ルト、 ズイブン、 寒ウ、 ゴザイマシヨ
ウ。

太郎ト、 次郎ト、 二人ワ、 雪ノ中ヲ、 歩イテイマ
ス。

アノ二人ワ、 雪ガ、 降ツテモ、 學校エ、 行キマ
ス。(2-35)

雨ガ、 降ツテモ、 雪ガ、 積モツテモ、 休ミマセ
ン。

アノ二人ワ、 ドンナニ、 寒クテモ、 休ミマセン
カ。

ソウデス。 ドンナニ、 寒クテモ、 又、 ドンナニ、
暑クテモ、 休ミマセン。(2-36)

## 第十四課

葉、　　散リ、　シマイ、

松　　庭、　　少シ、


寒ク、　ナルト、　木ノ葉ガ、　散リマス。

寒ク、　ナツテモ、　松ノ葉ワ、　澤山、　散リマセン。

アノ、　木ノ枝ニワ、　葉ガ、　一枚モ、　アリマセン。

(2-37)

木ノ葉ガ、 澤山、 庭ニ、 散ツテイマス。

松ノ葉モ、 少シ、 散リマシタ。

アノ松ノ木ヲ、 ゴランナサイ。(2-38)

下ノ方ノ葉ワ、 赤ク、 ナツテイルデシヨウ。

松ノ葉モ、 赤ク、 ナルト、 スグ、 散ツテシマイマス。

### 練習

一、 コノ本ヲ、 讀ンデシマイマシタ。

二、 木ノ葉ガ、 散ツテシマイマシタ。

三、 生徒モ、 先生モ、 歸ツテシマイマシタ。

(2-39)

## 第十五課

春、　夏、　秋、　冬、

好キ、　嫌イ、


此頃ワ、　冬デスカラ、　寒ウ、　ゴザイマス。

アナタワ、　冬ガ、　嫌イデスカ。

ハイ、　私ワ、　冬ガ、　嫌イデス。(2-40)

ワタシワ、　夏ヨリモ、　冬ガ、　好キデス。

私ワ、　冬モ、　夏モ、　嫌イデス。

春ト、　秋ガ、　好キデス。

誰モ、　冬ト、　夏ヲ、　好ク人ワ、　アリマセン。

誰モ、　春ト、　秋ヲ、　嫌ウ人ワ、　アリマセン。

(2-41)

## 第十六課

モラウ、　　貨ス、　　借リル、

返ス、　　　アリガトウ、


山下ワ、　父ニ、　美シイ繪本ヲ、　モライマシタ。

松山ガ、　山下ノ内エ、　遊ビニ、　來マシタ。

山下。　　昨日、　美シイ繪本ヲ、　父ニ、　モライ

　　　マシタ。　見セテアゲマシヨウ。(2-42)

山下ワ、 父ニ、 モラツタ、 繪本ヲ、 松山ニ、 見
セマシタ。

松山。 コレワ、 大層、 奇麗デスネ。(2-43)

山下。 貸シテアゲマスカラ、 内デ、 ユツク
リ、 ゴランナサイ。

松山。 アリガトウ。 ソレデワ、 二三日、 貸
シテクダサイ。

松山ワ、 其繪本ヲ、 借リテカエリマシタ。 ソシ
テ、 見テシマウト、 スグ、 山下ニ、 返シマシ
タ。(2-44)

# 第十七課

一番、　　川、　凍ル、　足、

身體、　　切レル、

昨日ワ、　一番寒カツタト、　思イマス。　川ノ水モ、

凍リマシタ。

寒クテ、　手モ、　足モ、　切レルヨウデシタ。

字ヲ、　書イテイルト、　硯ノ水ガ、(2-45)

スグ、　凍ツテシマイマシタ。

寒クテモ、　外エ、　出ナイト、　身體(カラダ)ガ、　弱

ク、　ナリマス。

ドンナニ、　寒クテモ、　早ク、　歩クト、　寒クワ、

アリマセン。

ドンナニ、　寒クテモ、　私ワ、　毎日、　外エ、　出マ

ス。

毎日、　　毎朝、　　毎晩、(2-46)

毎年、　　毎週、

## 第十八課

正南、　　正午、　　午前、

午後、　　時、　　　後。


日ワ、　毎日、　東カラ、　出テ、　西エ、　ハイリマ
ス。

日ガ、　正南(マミナミ)ニ、　來タ時ヲ、　正午ト、　イ
イマス。(2-47)

正午カラ、　前ヲ、　午前トイツテ、　正午カラ、　後
ヲ、　午後ト、　イイマス。

午前モ、　午後モ、　十二時間ズツデス。

日ワ、　午前ニ、　出テ、　午後ニ、　ハイリマス。

私タチモ、　午前ニ、　學校エ、　行ツテ、　午後ニ、
歸リマス。(2-48)

午前ニワ、　ヨク、　勉強シテ、　午後ニワ、　ヨク、
遊ビマシヨウ。

## 第十九課

隣、　　生レ、　　馴レ、

名、　　附イテ、　　ヤル、


次郎ワ、　此犬ヲ、　隣ノ内カラ、　モライマシタ。

(2-49)

此犬ワ、　今年ノ夏、　生レマシタ。

マダ、　子犬デス。

名ワ、　カメト、

イイマス。

カメワ、　大層、

次郎ニ、　馴レテ

イマス。(2-50)

次郎ガ、 庭エ、 出ルト、 カメワ、 スグ、 走ツテ
キマス。

次郎ガ、 遊ビニ、 行ク時ニワ、 イツモ、 附イテイ
キマス。

又、 次郎ガ、 學校エ、 行ク時ニモ、 ツイテイキマ
ス。

次郎ワ、 今、 カメニ、 何カ、 ヤツテイマス。

(2-51)

## 第二十課

掃除、　　苦シイ、　モノ、

ケレドモ、　　快イ、　タメ、


アノ子供ワ、　毎朝、　早ク、　起キテ、　庭ヲ、　掃除

シマス。

ドンナニ、　寒クテモ、　六時ニワ、　起キマス。

毎朝、　早ク、　起キルノワ、　善イコトデ、　ゴザイマ

ス。(2-52)

寒イ朝、 早ク、 起キルノワ、 苦シイモノデス。

ケレドモ、 早ク、 起キルノワ、 快イモノデス。

(2-53)

アノ子ワ、 夜、 早ク、 寝マス。

夜、 早ク、 寝テ、 朝、 早ク、 起キルノワ、 大層、 身體ノタメニ、 ヨイト、 思イマス。

私モ、 朝、 早ク、 起キテ、 夜、 早ク、 寝マシヨウ。

## 第二十一課

病氣、　　介抱、　　飲ミ、(2-54)

ソウ、　　藥

オ松ワ、　病氣デ、　寝テイマス。

大層、　苦シソウニ、　見エマス。

オ松ノ母ワ、　介抱ヲ、　シテイマス。

オ松ハ、　ナゼ、　病氣ニ、　ナツタト、　思イマスカ。

オ松ワ、昨日、　水ヲ、　澤山、　飲ミマシタ。　ソシ
テ、　病氣ニ、　ナリマシタ。(2-55)

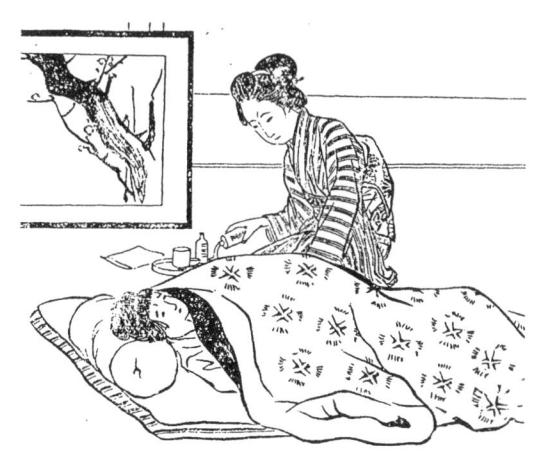

母ワ、 今、 オ松ニ、 藥ヲ、 飲マセテイマス。

水ヲ、 澤山、 飲ムト、 病氣ニ、 ナリマス。(2-56)

病氣ニ、 ナルト、 親ワ、 大層、 心配シマス。

親ニ、 心配サセルノワ、 大層、 惡イコトデス。

### 練習

一、 親ヲ、 大事ニ、 スルノワ、 善イコトデス。

二、 水ヲ、 澤山、 飲ムノワ、 惡イコトデス。

(2-57)

三、 病氣ワ、 苦シイモノデス。

四、 雪ノ降ツタ朝ワ、 快イモノデス。

## 第二十二課

今年、　　去年、　　月、

今月、　　來月、　　先月、


今月ワ、　一月デス。

來月ワ、　二月デス。(2-58)

一月カラ、　二月、　三月、　四月、　五月、　六月、　七月、　八月、　九月、　十月、　十一月、　十二月ト、　數エマス。

一年ワ、　十二個月デス。

一月カラ、　十二月マデヲ、　一年ト、　イイマス。

先月ワ、　何月デシタカ。

先月ワ、　十二月デシタ。(2-59)

十二月マデワ、　去年デス。　一月カラワ、　今年デス。

## 第二十三課

暖、　　溶ケル、　　道、　　畠、

照ル、　　今日中、　　氷、


今日ワ、　風ガ、　少シモ、　吹キマセン。

今日ワ、　暖カデスカラ、　雪ガ、　大分、　溶ケマシ
タ。(2-60)

雪ヤ、　氷ガ、　溶ケテ、　道ガ、　惡ク、　ナリマシ
タ。

學校エ、　行ク道ノ雪ワ、　モウ、　溶ケテシマイマシ
タ。

ケレドモ、　畠エ、　行ク道ノ雪ワ、　マダ、　溶ケマセ
ン。

日ガ、　照ルト、　スグ、　溶ケマス。(2-61)

日ガ、　ヨク、　照ツテイマスカラ、　今日中ニワ、　溶
ケマシヨウ。

## 練習

今日中、　　明日中

今週中、　　今月中、

今年中、　　來年中、

## 第二十四課

照ラス、　　晝　　星、

隱レ、　　マルデ、(2-62)


月ガ、　出テ、　道ヲ、　照ラシテイマス。

子。　　明ルクテ、　マルデ、　晝ノヨウデワ、

アリマセンカ。

月ガ、　出テ、　明ルク、　ナルト、　星

ワ、　隱レテシマイマス。

月ガ、　入ツテ、　暗ク、　ナルト、　星

ガ、　又、　出テキマス。(2-63)

星ワ、　月ヲ、　恐レテイルノデスカ。

父。　イイエ、　星ワ、　月ヲ、　恐レテイルノ

デワ、　アリマセン。

星ワ、 イツモ、 出テイルノデス。(2-64)

ケレドモ、 月ガ、 照ツテ、 明ルイカラ、

星ガ、 見エナイノデス。

## 第二十五課

オマエ、　　一度、　ナオル、

スツカリ、　安心、　兄サン、


オ松。　　オカアサン、　其手紙ワ、　何處エ、　出

　　　　スノデ、　ゴザイマスカ。(2-65)

母。　　　コレワ、　兄(ニイ)サンノ所エ、　出スノ

　　　　デス。

　　　　オマエモ、　何カ、　オ書キナサイ。

オ松。　　私ワ、　マダ、　一度モ、　手紙ヲ、　書イ

　　　　タコトガ、　ゴザイマセン。

母。　　　オマエノ、　思ウコトヲ、　オ書キナサ

　　　　イ。(2-66)

オ松。　　オトウサンノゴ病氣ノ、　ナオツタコトヲ、

　　　　書キマシヨウカ。

母。　　　ア、　ソレヲ、　オ書キナサイ。　兄サンモ、

　　　　大層、　喜ブデシヨウ。

オ松。　　又、　兄サン、　ヨク、　ゴ勉强ナサイト、

書キマシヨウ。

母。　　　ア、　ソレモ、　善ウ、　ゴザイマス。

(2-67)

オ松ワ、　手紙ヲ、　書キマシタ。

オトウサンノゴ病氣ワ、　モウ、　スツカリ、　ナ

オリマシタ。　ゴ安心ナサイ。　兄サン、　ヨク、

ゴ勉强ナサイ。

二月十日　オマツ

兄サン (2-68)

## 第二十六課

受取リ、　ナラ、　拂イ、

倍　　　返事、


オ松ノ內エ、　郵便屋ガ、　來マシタ。

オ松ワ、　喜ンデ、　出テキマシタ。

オ松。　郵便屋サン、　兄サンカラノオ返事デシ
　　　ヨウ。　早ク、　クダサイ。

郵便屋。　コノ手紙ワ、　アナタニワ、　アゲラレマ
　　　セン。(2-69)

オカアサンワ、　內ニ、　居マセンカ。

母モ、　郵便屋ノ言ツテイルコトヲ、　聞イテ、　出テ
キマシタ。(2-70)

郵便屋。　コノ手紙ニワ、　切手ガ、　貼ツテアリマ
　　　　　セン。　コレヲ、　受取リマスカ。

　　　　　受取ルナラ、　六錢、　オ拂イナサイ。

母ワ、　六錢、拂ツテ、　手紙ヲ、　受取リマシタ。
　　　　　　　　　　　　　　　　　　　　　　　(2-71)

オ松。　手紙ワ、　三錢デ、　ゴザイマシヨウ。
　　　　　ナゼ、　六錢　拂ツタノデ、　ゴザイマスカ。

母。　　手紙ヲ、　出ス時ニ、　切手ヲ、　貼ラナイ
　　　　ト、　受取ル人ワ、　三錢ノ二倍　拂ウノデス。


## 練習

一、　手紙ヲ、　書クナラ、　早ク、　オ書キナサイ。(2-72)

二、　外エ　出ルナラ、　コノ手紙ヲ、　出シテクダサイ。

三、　手紙ヲ、　出スナラ、　早ク、　オ書キナサイ。

## 第二十七課

殖エル、　減リ、　河、　芽、

延バシ、　猫、　　雞、


春ガ、　來テ、　暖カニ、　ナリマシタ。　河ノ水ガ、

殖エテ、　山ノ雪ガ、　減リマシタ。(2-73)

草ヤ、　木ノ芽ガ、　出テ、　野モ、　山モ、　青ク、　ナ

リマシタ。

夜ガ、　短ク、　ナツテ、　日ガ、　長ク、　ナリマシ

タ。

猫ワ、　足ヲ、　延バシテ、　屋根ノ上デ、　寝テイマ

ス。

雞ワ、　ユツクリ、　庭ヲ、　歩イテイマス。(2-74)

コレカラワ、　一年中ノ、　一番好イ時デス。

## 第二十八課

缺席、　遲刻、　決シテ、　必ズ、

試驗、　賞メ、　デキル、

福童ワ、　一年中、　一度モ、　缺席シタコトワ、　アリマセン。(2-75)

又、　一度モ、　遲刻シタコトモ、　アリマセン。

雨ガ、　降ツテモ、　風ガ、　吹イテモ、　決シテ、　休ミマセン。

暑クテモ、　寒クテモ、　必ズ、　學校エ、　行キマシタ。

試驗ニワ、　一番ニ、　ナツテ、　先生ニ、　賞メラレマシタ。(2-76)

オトウサンモ、　オカアサンモ、　大層、　喜ビマシタ。

親ヲ、　喜バセルノワ、　何ヨリモ、　善イコトデス。

ヨク、 勉強スルト、 ヨク、 デキマス。 ヨク、 デ
キルト、 親ワ、 喜ビマス。(2-77)

普通學校學徒用國語讀本卷二 終

明治四十四年三月十三日印刷
明治四十四年三月十五日發行
明治四十四年八月十五日再版
明治四十四年十二月十五日三版
明治四十五年三月十五日四版

定價金六錢

朝鮮總督府

朝鮮總督府印刷局印刷

朝鮮總督府編纂　訂正　普通學校學徒用

# 國語讀本　卷三

第2學年　1學期

朝鮮總督府編輯局出版

普通學校

學徒用

國語讀本

卷

三

# 卷三 [2學年 1學期, 1911] 目 次 [目次名 無]

## 第一課

新シイ、　　古イ、　　ナガラ、

金持、　　　貧乏、

コノ子供ワ、　歩キナガラ、　本ヲ、　讀ンデイマス。

コノ子供ワ、　本ヲ、　讀ムコトガ、　好キデス。

(3-1)

ケレドモ、 親ガ、 貧乏デ、 學校エワ、 行ケナイノ
デス。

又、 新シイ本モ、 買エナイノデス。 隣ニ、 金持ノ
家ガ、 アリマス。(3-2)

ソノ家ノ子ワ、 毎日、 學校エ、 行ツテイマス。

ソノ金持ノ家ノ子ガ、 コノ子供ニ、 古イ本ヲ、 ヤ
リマシタ。

コノ子供ワ、 喜ンデ、 歩キナガラ、 ソノ本ヲ、 讀
ンデイルノデス。

## 第二課

凡ソ、　　旅行、(3-3)

便利、　　以上、

京城カラ、　釜山マデ、　百十二里、　ゴザイマス。

汽車デ、　行ケバ、　十時間バカリデ、　行ケマス。

コノ汽車ワ、　一時間ニ、　凡ソ十一里ズツ、　走リマ
ス。

汽車ノ、　ナカツタ時ワ、　馬ニ、(3-4)

乗ルカ、　歩イテ、　旅行シマシタ。

ソノ時ワ、　一日ニ、　十里以上ワ、　行ケマセンデシ
タ。

今ワ、　汽車ガ、　デキマシタカラ、　京城カラ、　釜山
マデワ、　一日デ、　行ケマス。

汽車ワ、　大層、　便利ナモノデワ、　ゴザイマセン
カ。(3-5)

| | |
|---|---|
| り<br>と | 十り(里)、　　とり(鳥)、<br><br>　　**練習**<br>一、汽車デ、行ケバ、十時間バカリデ、行ケマス。<br>二、馬二、乗レバ、十日間、カカリマス。<br>三、早ク、走レバ、八時ノ汽車二、乗レマス。<br><br>　　　　　　　　　　　　　(3-6) |

## 第三課

サア、　　　　　上(アガ)ル、

參リマス(行ク、來ル)、

イラツシヤイマス(行ク、來ル、居ル)、


アナタワ、　今日、　京城エ、　イラツシヤイマスカ。

ハイ、　參リマス。

ヨク、　イラツシヤイマシタ。　サア、　オ上リナサ
イ。(3-7)

オトウサンモ、　イラツシヤイマスカ。

イイエ、　父ワ、　參リマセン。

オカアサンワ、　オ內ニ、　イラツシヤイマスカ。

ハイ、　母ワ、　內ニ、　居マス。

アナタワ、　昨日、　ドコカエ、　イラツシヤイマシタ
カ。(3-8)

| | |
|---|---|
| い | イイエ、 何處エモ、 參リマセンデシタ。 |
| し え | いし(石)、 いえ(家)、 |

## 第四課

客、　　主人、　　行儀、

茶、　　菓子、　　娘、

客ト、　主人ガ、　話ヲ、　シテイマス。

女ノ子ガ、　茶ヲ、　持ツテキマシタ。(3-9)

又、　菓子ヲ、　持ツテキマシタ。

アレワ、　コノ家ノ娘デス。

タイソウ、 行儀ノ善イ子デス。

アノ子ワ、 今年、 十三デ、 オ花ト、(3-10)

イイマス。

客ワ、 アノ子ノ、 行儀ノ善イノヲ見テ、 タイソ

ウ、 賞メマシタ。

こ

か ことし(今年)、

や かし(菓子)、

かしや(菓子屋)、

こや(小屋)、(3-11)

## 第五課

立派、　　屋敷、　　咲ク、

樫、　　一層、


アノ屋敷ワ、　タイソウ、　立派デワ、　アリマセン

カ。

アノ屋敷ワ、　ズイブン廣ウ、　ゴザイマス。

アノ屋敷ニワ、　木ガ、　澤山、　アリマス。

(3-12)

一番高イノワ、 松デ、 一番太イノワ、 樫デス。

樫ヤ、 松ニワ、 イツモ、 葉ガ、 アリマスケレド

モ、 春ワ、 一層靑ク、 ナリマス。(3-13)

庭ニワ、 奇麗ナ花ガ、 澤山、 咲イテイマス。

アスコノ主人ワ、 金持デシヨウ。

くさ
さ
き

　　　　くさ(草)、　　 き(木)、

　　　　かさ(笠)、

### 練習

一、 アノ馬ワ、 小イケレドモ、 強ウゴザイマス。

二、 ヨク、 勉強スルケレドモ、(3-14)

　　 ヨク、 デキマセン。

三、 早ク、 走ツタケレドモ、 遲ク、 ナリマシタ。

四、 畫ワ、 暑カツタケレドモ、 夜ワ、 涼シウゴ

　　 ザイマス。

## 第六課

岸、　生エ、　泳ギ、　柳、

蔭、　痛イ、　ナド、

アノ家ノ前ニワ、　小ナ川ガ、　アリマス。(3-15)

川ノ岸ニワ、　草ガ、　生エテイマス。

又、　松ヤ柳ナドモ、　澤山、　生エテイマス。

牛ワ、　木ノ蔭デ、(3-16)

水ヲ、　飲ンデイマス。

アノ川ニワ、 キレイナ水ガ、 流レテイテ、 水ノ中
ニワ、 小イ魚ガ、 澤山、 イマス。

魚ワ、 小イケレドモ、 ヨク、 泳ゲマス。

私タチワ、 大イケレドモ、 魚ノヨウニワ、 ヨク、
泳ゲマセン。(3-17)

私等ワ、 水ノ中デ、 目ヲ、 開ケルト、 痛イケレド
モ、 魚ワ、 アンナニ、 開ケテイテモ、 痛クナイノ
デシヨウ。


う
の
　　　　　うし(ウシ)、
　　　　　やしき(ヤシキ)、
　　　　　うしのこ(ウシノコ)、
　　　　　このいえ、 このやしき、(3-18)

## 第七課

雨ガ、 少シ、 降ルト、 木ノ葉ガ、 青ク、 ナリマス。

雨ガ、 少シ、 降レバ、 木ノ葉ガ、 青ク、 ナリマス。

雨ガ、 澤山、 降ルカラ、 木ノ葉ガ、 青ク、 ナリマシヨウ。

雨ガ、 澤山、 降ツタカラ、 木ノ葉ガ、 (3-19) 青ク、 ナリマシタ。

雨ガ、 ズイブン、 降ルケレドモ、 木ノ葉ワ、 青ク、 ナリマセン。

雨ガ、 大分、 降ツタケレドモ、 木ノ葉ワ、 青ク、 ナリマセンデシタ。

雨ガ、 降ツテモ、 木ノ葉ワ、 青ク、 ナリマセン。

| あ<br>め | あめ(雨)、 いぬ(犬)、(3-20)<br>あさ(朝)、 あき(秋)、<br>あのいえ、 あのやしき、 |
|---|---|
| ぬ | あのいぬ、 あのくさ、 |

## 第八課

海、　　船、　　向ウ、　　唯、

遠イ、　近イ、　指

子供ガ、　二人、　山ノ上ニ、　立ツテ、　海ノ方ヲ、

見テイマス。(3-21)

海ワ、　廣クテ、　向ウノ岸ワ、　見エマセン。

唯、　水ノ上ニ、　船ガ、　澤山、　見エテイマス。

向ウノ方ニ、 アルノワ、 鳥ノヨウニ、(3-22)

小クテ、 スグ、 山ノ下ニ、 アルノワ、 家ノヨウ
ニ、 大ク、 見エマス。

何デモ、 近イ所ニ、 アルモノワ、 大ク、 見エテ、
遠イ所ニ、 アルモノワ、 小ク、 見エマス。

コノ學校デモ、 向ウノ山ヨリモ、 高イヨウニ、 見
エマシヨウ。(3-23)

コノ小イ指デモ、 アノ山ヨリモ、 高ク、 見エマシ
ヨウ。

| | | |
|---|---|---|
| ま | やま(山)、 | はし(橋)、 |
| は | ほし(星)、 | あに(兄)、 |
| ほ | はがき、 | えはがき、 |
| に | うまのめ、 | やまのき、 |
| | やまのうえ、 | あにのこ、 |
| | にしのやま、(3-24) | |

## 第九課

帆、　烟、　帆前船、　受ケ、

蒸氣船、　ドウシテ、　ワカリ、

小ナ船ワ、　帆ヲ、　アゲテイマス。

大ナ船ワ、　烟ヲ、　出シテイマス。

帆ヲ、　アゲテイルノガ、　帆前船デ、　烟ヲ、　出シテ

イルノガ、　蒸氣船デス。(3-25)

| | |
|---|---|
| せ<br>ん<br>よ | 帆前船ワ、　帆ニ、　風ヲ、　受ケテ、　走リマス。<br><br>蒸氣船ワ、　ドウシテ、　走ルト、　思イマスカ。<br><br>ソレワ、　今、　言ツテモ、(3-26)<br><br>皆サンニワ、　ワカリマセン。<br><br>來年ニ、　ナツタラ、　教エテアゲマショウ。<br><br>ソノトキニワ、　皆サンモ、　ヨク、　ワカルデショウ。<br><br>　　ほまえせん(帆前船)、<br><br>　　りようきせん(蒸氣船)、(3-27)<br><br>　　あの船のほ、<br><br>　　このほんのえ、 |

## 第十課

$$\left.\begin{array}{l}\text{イタシマス}\\\text{ナサイマス}\end{array}\right\}(\text{爲ル})$$

$$\left.\begin{array}{l}\text{モウシマス}\\\text{オツシヤイマス}\end{array}\right\}(\text{言ウ})$$

アナタワ、　今日ワ、　ゴ勉强ナサイマスカ。(3-28)

ハイ、　今日ワ、　勉强イタシマス。

昨日モ、　ヨク、　ゴ勉强ナサイマシタカ。

ハイ、　昨日モ、　少シワ、　勉强イタシマシタ。

オカアサンニ、　オ遊ビニ、　イラツシヤイト、　オツ

シヤツテクダサイ。(3-29)

アリガトウ、　ゴザイマス。　ソウ、　申シマシヨウ。

オカアサンニ、　オ遊ビニ、　イラツシヤイト、　オツ

シヤツテクダサイマシタカ。

ハイ、　ソウ、　申シマシタ。

な　　　　　はな(花)、　　あなた(アナタ)、

あした(明日)、　　へいたい、(3-30)

へいたいが、　大勢、　います。

ここに、　あなたのほんが、　あります。

こんや、　きしやえ、　のります。

あした、　船え、　のりましよう。

きのう、　ここえ、　きました。

あした、　がくこうえ、　まいります。(3-31)

た
へ
す

## 第十一課

ハツキリ、　露、　玉、

物、　色、　麥、


月ガ、　道ヲ、　照ラシテ、　明ルイカラ、　マルデ、

晝ノヨウデ、　ゴザイマス。

家モ、　山モ、　木モ、　橋モ、　皆、　ハツキリ、　見エ

テイマス。

少シモ、　夜ノヨウデワ、　ゴザイマセン。(3-32)

家ノ內マデ、　明ルウ、　ゴザイマス。　草ヤ、　木ノ葉

ノ露ガ、　マルデ、　玉ノヨウデワ、　ゴザイマセン

カ。

月ガ、　ドンナニ、　明ルクテモ、　夜ワ、　物ノ色ガ、

ハツキリ、　見エマセン。

ゴランナサイ。　向ウノ畠ノ麥ワ、(3-33)

靑イケレドモ、　ココカラ、　見ルト、　黑ク、　見エマ

シヨウ。

| | |
|---|---|
| つ<br>ち<br>ろ | つき(月)、　　うち(內)、<br>いろ(色)、<br>あの、　はなのいろ。<br>しろいはな。<br>くろいいぬ。<br>つきが、　照つています。(3-34)<br>いま、　くろいぬが、　あの、　いえのうちえ、　はいり<br>ました。 |

## 第十二課

穂　嬉シ、　働キ、　農夫、

黄色ク、　熟シ、　米、

麥ノ穂ガ、　奇麗ニ、　出マシタ。

今年ワ、　雨ガ、　少カツタカラ、　麥ガ、　ヨク、　デキマシタ。(3-35)

農夫ワ、　嬉シソウナ顔ヲシテ、麥畠ヲ、　見テイマス。

農夫ワ、　毎日、朝カラ、　晩マデ、ヨク、　働キマス。

麥ヤ、　米ガ、　ヨク、　デキタ時ニワ、

(3-36)

ズイブン、 嬉シイデシヨウ。

アノ、 向ウノ畠ノ麥ワ、 モウ、 黄色ク、 ナツテイ
マス。 アレワ、 モウ、 熟シタノデシヨウ。

麥ニワ、 早ク、 熟スノト、 遅ク、 熟スノト、 ア
リマス。

る　　　　　　　よる(夜)、　　　わたし、(3-37)

わ　あなたわ、 よる、 ごべんきようなさいますか。

つきが、 まるく、 なりました。

太郎さんわ、 いつ、 うちに、 いますか。

よるわ、 うちに、 います。

## 第十三課

樂シイ、　　農業、(3-38)

面白イ、　　作物、


農夫ワ、　朝、　暗イウチニ、　野エ、　出テ、　晩ニ
ワ、　又、　暗ク、　ナツテ、　內エ、　歸リマス。

農夫等ガ、　野エ、　出テ、　働クノワ、　私等ガ、　學
校エ、　行ツテ、　勉强スルヨウナモノデス。

作物ガ、　ヨク、　デキタ時ニワ、(3-39)

農夫ワ、　大層、　喜ビマス。

私等モ、　試驗ガ、　ヨク、　デキタ時ワ、　大層、　嬉
シウ、　ゴザイマス。

農業ワ、　苦シイモノデスケレドモ、　又、　樂シイモ
ノデス。

勉强モ、　苦シイモノデスケレドモ、　又、　面白イモ
ノデス。

苦シイコトヲ、　シナケレバ、(3-40)

樂シイコトワ、　アリマセン。

ねこ(猫)、　うれしい(嬉シイ)、

ね

れ

ねこが、　やねのうえで、　ねています。

あのねこわ、　わたしのうちの、　ねこです。

日が、　入れば、　月が、　出ます。

月が、　出れば、　星が、　かくれます。(3-41)

## 第十四課

噛ム、　　盜人、　　盜ム、　　頭、

タタキ、　　叱ル、　　デスカラ、

先生ワ、　善イ生徒ヲ、　賞メマス。

善イ生徒ワ、　先生ニ、　賞メラレマス。

ソノ犬ワ、　アノ人ヲ、　噛ミマシタ。

アノ人ガ、　ソノ犬ニ、　噛マレマシタ。(3-42)

猫ガ、　魚ヲ、　喰ウデシヨウ。

魚ワ、　猫ニ、　喰ワレルデシヨウ。

盜人ガ、　大山ノ時計ヲ、　盜ミマシタ。

大山ガ、　盜人ニ、　時計ヲ、　盜マレマシタ。

太郎ワ、　次郎ノ頭(アタマ)ヲ、　手デ、(3-43)

タタキマシタ。デスカラ、先生ワ、太郎ヲ、叱リ

マシタ。

次郎ワ、　太郎ニ、　手デ、頭ヲ、　タタカレマシタ。

デスカラ、　太郎ワ、　先生ニ、　叱ラレマシタ。

| | |
|---|---|
| て<br>そ | て(手)、<br>その猫、(3-44) |

## 第十五課

濱、　　淺イ、　　深イ、

ケンノンナ、　　ダンダン、

人ガ、　大勢、　海デ、　泳イデイマス。　子供ワ、　濱
デ、　遊ンデイマス。

濱カラ、　ダンダン遠ク、　ナルト、　ダンダン深ク、
ナリマス。

ヨク、　泳ゲル人ワ、　濱カラ、　遠イ所デ、　泳イデイ
マス。(3-45)

ヨク、 泳ゲナイ人ワ、 濱ニ、 近イ所デ、 泳イデイ
マス。

濱ニ、 近イ所ワ、 淺イカラ、 ケンノンナコトワ、
アリマセン。

濱カラ、 遠イ所ワ、(3-46)

深イカラ、 ズイブン、 ケンノンデス。

アナタワ、 ヨク、 泳ゲマスカ。

イイエ、 少シモ、 泳ゲマセン。 ヨク、 泳ゲタラ、
ドンナニ、 面白イデシヨウ。

み

ふ

うみ(海)、

ふかい(深イ)、(3-47)

かみ(紙)、 ふで(筆)、

子供が、 ふたり、 うみで、 泳いでいます。

そのかみわ、 大層しろう、 ございますね。

みてください。 このてがみわ、 私が、 かいたので
す。(3-48)

## 第十六課

一面、 天氣、 濡レル、

刈ル、 急イデ、 忙シイ、

麥ガ、 熟シテ、 野ガ、 一面ニ、 黃色ク、 ナリマシタ。

農夫ワ、 麥ヲ、 刈ツテイマス。

今日ワ、 天氣ガ、 好イカラ、 農夫ワ、 喜ンデイマス。

天氣ガ、 好クナケレバ、 麥ワ、(3-49)

刈レマセン。

雨ノ、 降ル時ニ、 刈ルト、 穂ガ、 濡レルカラ、
麥ガ、 惡ク、 ナリマス。

デスカラ、 農夫ワ、 天氣ノ、 好クナルノヲ、 待ツ
テ、 麥ヲ、 刈リマス。(3-50)

天氣ノ、 好イ時ニ、 急イデ、 刈ラナケレバ、 雨
ガ、 降ルト、 刈レマセン。

デスカラ、 麥刈ノ時ワ、 タイソウ、 忙シイノデ
ス。

　　　　こども(子供)、(3-51)

も

## 第十七課

空、　雲、　動ク、

晴レ、　曇ル、　乾キ、

今日ワ、　ヨイ天氣デス。

空ニワ、　少シモ、　雲ガ、　アリマセン。

一面ニ、　靑クテ、　マルデ、　廣イ海ノヨウデス。

涼シイ風ガ、　吹イテ、　草ヤ、　木ガ、(3-52)

動イテイマス。

木ノ蔭ニ、　休ンデイレバ、　ヨイ氣持デショウ。

昨夜ワ、　雨ガ、　ズイブン、　降ツタケレドモ、　朝カ

ラ、　晴レタカラ、　道ワ、　スツカリ、　乾キマシタ。

日ノ、　照ル所ワ、　ズイブン、　暑ウゴザイマショ

ウ。(3-53)

空ガ、　曇ルト、　涼シク、　ナルカラ、　外デ、　働ク

人ワ、　空ノ、　曇ルノヲ、　喜ビマス。

そら(空)、　　うを(魚)、

　　つきを、　　　見る。

こどもが、　うをを、　見ています。　そらが、　くもる
と、　すずしく、　なります。(3-54)

日が、　てると、　あつく、　なります。

うをわ、　よく、　水を、　泳ぎます。

あのこどもわ、　たいそう、　うをが、　すきです。

ら

を

## 第十八課

家內、　嫁、　村、
寂シ、　賑カ、　合セ、


私ワ、　兄ト、　姉ト、　弟ト、　一人ズツ、　ゴザイマ
ス。(3-55)

兄ガ、　二十二デ、　姉ガ、　十八デ、　弟ガ、　十三
デ、　私ワ、　十五デ、　ゴザイマス。

私ノ內ワ、　親子、　合セテ、　五人ノ家內デ、　ゴザイ
マス。

親ガ、　二人デ、　子供ガ、　四人デスカラ、　皆デ、
六人ニ、　ナリマス。(3-56)

姉ワ、　今年ノ四月ニ、　隣ノ村エ、　嫁ニ、　參リマシ
タ。

デスカラ、　今ワ、　五人デス。

姉ガ、　居ナク、　ナツテカラ、　寂シク、　ナリマシ
タ。

|   |   |
|---|---|
| | 兄ワ、　モウスグ、　嫁ヲ、　モラウデシヨウ。　ソシ |
| | タラ、　又、　六人ニ、　ナリマスカラ、　賑カニ、　ナ |
| | リマシヨウ。(3-57) |
| む | 　　　となりのむら、 |
| | 　　　むぎのほ、 |

## 第十九課

田地、　　食ベル、　　ダケ、

野菜、　　果物、　　卵、

産ム、　　醫者、


私ノ内ワ、　貧乏デスケレドモ、(3-58)

少シワ、　田地ガ、　アリマス。

親子、　五人ガ、　ヨク、　働ケバ、　米モ、　麥モ、　食ベルダケワ、　デキマス。

家ノ前ノ畠ニワ、 イツモ、 野菜ガ、(3-59)

アリマス。 後ノ庭ニワ、 果物ノ木ガ、 澤山、 アリ

マス。

雞ワ、 毎日、 卵ヲ、 ニツカ、 三ツズツ、 産ミマ

ス。

卵ヤ、 野菜ワ、 イクラデモ、 アリマス。

夜ワ、 ヨク、 寝テ、 晝ワ、 ヨク、 働キマス。

(3-60)

親子、 五人ノ內デ、 一人モ、 病氣ニ、 ナツタコト

ワ、 アリマセン。

隣ニ、 醫者ガ、 居テ、 ヨク、 內エ、 來マス。

又、 私等モ、 ヨク、 遊ビニ參リマス。

ケレドモ、 病氣ノタメニ、 行ツタコトモ、 來タコ

トモ、 アリマセン。

ひ　　　　　ひる(晝)、(3-61)

け　　　　　はたけ(畠)、

ひやくしようわ、 ひるも、 よるも、 よく、 はたら

きます。

ひやくしようわ、　まいにち、　はたけえ、　いきます。

はたけのなかに、　はなが、　さいています。

もう、　むぎのほが、　でました。(3-62)

## 第二十課

老人、　　植エ、　　茂ル、

生キ、　　死ヌ、　　孫

老人ガ、　庭エ、　木ヲ、　植エテイマス。

コノ老人ワ、　モウ、　八十以上ニ、　ナリマス。

隣ノ人ガ、　來テ、　老人ニ、　問イマシタ。(3-63)

隣人。　アナタワ、　何ノタメニ、　ソノ木ヲ、
　　　　オ植エナサイマスカ。

老人。　庭ニ、　木ガ、　少クテ、(3-64)
　　　　夏、　暑イカラ、　植エルノデス。

隣人。　今、　ソンナニ、　木ヲ、　植エテモ、　ソレ
　　　　ガ、　大ク、　ナツテ、　葉ガ、　茂ルマデ
　　　　ニワ、　ズイブン、　長ク、　カカルデシ
　　　　ヨウ。

老人。　私ワ、　モウ、　長クワ、　生キマセン。　今
　　　　日、　死ヌカ、　明日(アシタ)、(3-65)
　　　　死ヌカ、　ワカリマセン。　唯、　子ヤ、　孫
　　　　ノタメヲ、　思ツテ、　植エテイルノデス。
　　　　人ワ、　子ヤ、　孫ノタメヲ、　思ウカラ、
　　　　老人ニ、　ナツテモ、　樂シイノデス。

## 第二十一課

恐シイ、　夢、　着物、　蛇、(3-66)

逃ゲ、　オウ、　聲、


竹姫。　オカアサン、　私ワ、　昨夜、　恐シイ夢

ヲ、　見マシタ。

母。　ドンナ夢ヲ、　見マシタカ。

竹姫。　太イ、　長イ蛇ガ、　來テ、　私ヲ、　ノモ

ウトシマシタ。

私ワ、　急イデ、　逃ゲマシタ。

蛇ワ、　オウキナ口ヲ、　開ケテ、(3-67)

オツテキマシタ。　イクラ、　逃ゲヨウト

シテモ、　走レマセンデシタ。

モウ、　蛇ニ、　ノマレタカト、　思ツタ

ラ、　目ガ、　覺メマシタ。　ソシテ、　身

體一面ニ、　汗ヲ、　カイテイマシタ。

ゴランナサイ。　着物ガ、　マダ、(3-68)

汗ニ、　濡レテイマス。

| | |
|---|---|
| 母。 | ソウデシタカ。 オマエガ、 大ナ聲ヲ、<br>出シタカラ、 ドウシタノカト、 思イマ<br>シタ。 |
| ゆ | ゆめ(夢)、<br>れそろしいゆめを、 みました。 |

## 第二十二課

ホントウニ、　　湯、(3-69)

胸、　　載セ、


母。　　オマエワ、　ドウシテ、　恐シイ夢ヲ、
　　　　見タカ、　知ツテイマスカ。

竹姫。　ドウシテカ、　知リマセン。　蛇ガ、　ホ
　　　　ントウニ、　來タノデ、　ゴザイマスカ。

母。　　イイエ、　ホントウニ、　蛇ガ、　來タノ
　　　　デワ、　アリマセン。(3-70)

　　　　夜、　寝ル前ニ、　物ヲ、　食ベルト、　夢
　　　　ヲ、　見ルノデス。

　　　　水ヤ、　湯ヲ、　澤山、　飲ンデ、　寝テ
　　　　モ、　夢ヲ、　見マス。

　　　　又、　胸ノ上エ、　手ヲ、　載セテ、　寝ル
　　　　ト、　恐シイ夢ヲ、　見ルソウデス。

竹姫。　ソウデスカ。　私ワ、　ユウベ、(3-71)

寝ル前ニ、 菓子ヲ、 食ベマシタ。 ソ
レデワ、 コレカラ、 寝ル前ニ、 菓子
ナドワ、 決シテ、 食ベマセン。

### 練習

一、 兄サンワ、 明日、 歸ルソウデス。

二、 病氣ワ、 口カラ、 來ルノガ、 多イソウデ
ス。(3-72)

三、 來週カラ、 休ミニ、 ナルソウデス。

## 第二十三課

ステーシヨン、　切符、　アマリ、

停ル、　下(オ)リ、　飛ブ、


父ワ、　小太郎ヲ、　連レテ、　ステーシヨンエ、　來マ
シタ。(3-73)

ステーシヨンデワ、　大勢ノ人ガ、　切符ヲ、　買ツテ
イマス。

二人モ、　切符ヲ、　買ツテ、　待ツテイマシタ。

汽車ワ、　烟ヲ、　出シテ、　向ウカラ、　來マシタ。

汽車ガ、　アマリ早ク、　走ツテクルカラ、　小太郎
ワ、　汽車ワ、　ココデ、(3-74)

停ラナイノカト、　思イマシタ。汽車ガ、　停ツテ、
人ガ、　大勢、　下リマシタ。ソレカラ、　マタ、　大
勢、　乘リマシタ。

(3-75)

小太郎ワ、 面白イカラ、 窓カラ、 外ヲ、 見テイマ
ス。

汽車ワ、 ダンダン早ク、 ナツテ、 山モ、 川モ、
木モ、 家モ、 後ノ方エ、 飛ブヨウニ、 見エマス。
畠デ、 働イテイル人モ、 道ヲ、 歩イテイル人モ、
馬モ、 車モ、 見エタカト、 思ウト、 スグ又、 見
エナク、 ナリマス。(3-76)

### 練習

一、 雨ガ、 降ルカト、 思ウト、 スグ、 日ガ、
照リマス。

二、 郵便屋ヲ、 今、 來タカト、 思ウト、 ス
グ、 歸リマス。

三、 大層、 涼シイト、 思ウト、 又、 スグ、 暑
ク、 ナリマス。(3-77)

## 第二十四課

室、　汚イ、　コム、　スク、

タカイ、　ヤスイ、　次、


小太郎ワ、　隣ノ室ヲ、　見テキテ、　父ニ、　言イマシ
タ。

小太郎。　オトウサン、　隣ノ室エ、　行キマシヨ
　　　　ウ。

　　　　隣ノ室ワ、　コノ室ヨリモ、　大層、　奇
　　　　麗デス。　ソシテ、　コノ室ワ、(3-78)

　　　　コンナニ、　コンデイマスケレドモ、　隣
　　　　ノ室ワ、　スイテイマス。

父。　　アレワ、　一等デス。　一等ワ、　奇麗デス
　　　　ケレドモ、　汽車賃ガ、　タカイノデス。
　　　　コノ次ノ室ヲ、　ゴランナサイ。

小太郎ワ、　次ノ室ヲ、　見テキマシタ。(3-79)

小太郎。　次ノ室ワ、　コノ室ヨリモ、　汚ウゴザイ
　　　　マス。　ソシテ、　大層、　コンデイマス。

父。　アレワ、　三等デス。　三等ワ、　一番、

汚イケレドモ、　一番、　ヤスイカラ、

大勢、　乘ルノデス。　切符ヲ、　ヨク、

ゴランナサイ。　白ト、　青ト、　赤ト、

アリマス。(3-80)

白ガ一等デ、　青ガ二等デ、　赤ガ三等デ

ス。

此室ワ、　二等デスカラ、　皆、　青イ切

符ヲ、　持ツテイマス。

## 第二十五課

集ル、　自分、　商人、

町、　味、　作ル、　賣買、


人ガ、　大勢、　集ツテイマス。(3-81)

アレワ、　何ヲ、　シテイルノデシヨウ。　アレワ、

野菜ヤ、　果物ヲ、　賣買シテイルノデス。

農夫ワ、　自分ノ内デ、　作ツタ、　野菜ヤ、　果物ヲ、

毎朝、　早ク、　ココエ、　持ツテキテ、　賣ルノデス。

商人モ、　農夫カラ、　買ツテキテ、　ココデ、　賣ルノ

デス。(3-82)

町ノ人ワ、　朝早クカラ、　買イニキマス。

ナゼ、　朝早ク、　賣買スルカ、　知ツテイマスカ。

日ガ、 出テ、 暑ク、 ナレバ、(3-83)

色ガ、 惡ク、 ナリマス。

色ガ、 惡ク、 ナルト、 味モ、 惡ク、 ナリマスカ

ラ、 朝早ク、 日ノ出ル前ニ、 賣買スルノデス。


平假名五十音

あ い う え れ

か き く け こ

さ し す せ そ (3-84)

た ち つ て と

な　に　ぬ　ね　の
は　ひ　ふ　へ　ほ
ま　み　む　め　も
や　い　ゆ　え　よ
ら　り　る　れ　ろ
わ　(ゐ)　う　(ゑ)　を
ん (3-85)

濁音

が　ぎ　ぐ　げ　ご
ざ　じ　ず　ぜ　ぞ
だ　(ぢ)　(づ)　で　ど
ば　び　ぶ　べ　ぼ

半濁音

ぱ　ぴ　ぷ　ぺ　ぽ (3-86)

普通學校學徒用國語讀本卷三 終

明治四十四年三月十三日印刷
明治四十四年三月十五日發行
明治四十四年八月十五日再版
明治四十四年十二月十五日三版
明治四十五年四月十五日四版
明治四十五年七月十五日五版

定價金六錢

朝鮮總督府

總務局印刷所印刷

朝鮮總督府編纂 訂正 普通學校學徒用

# 國語讀本 卷四

第2學年 2學期

朝鮮總督府編輯局出版

普通學校

學徒用

訂正

國語讀本

卷四

# 卷四 (2學年 2學期, 1911) 目 次 (目次名 無)

## 第一課

港、　荷物、　通ウ、　汽船、

艘、　着ク、

大ナ汽船ガ、　今、　港エ、　着キマシタ。　人ヤ、　荷物ヲ、　澤山、　載セテイマス。　アノ船ワ、　何處カラ、　來タノデシヨウカ。(4-1)

アレワ、　下關カラ、　來タノデシヨウ。　下關ト、　釜山ノ間ヲ、　通ウ汽船デス。

下關ト、　釜山ノ間ヲ、　通ウ汽船ワ、　四艘、　アリマス。

二艘ワ、　釜山カラ、　下關エ、　行キ、　二艘ワ、　下關カラ、　釜山エ、　來マス。(4-2)

今日、　下關エ、　行ツタ船ワ、　明日、　又、　下關カラ、　人ヤ、　荷物ヲ、　載セテ、　釜山エ、　歸リマス。　釜山エ、　來タ船ワ、　釜山デ、　人ヤ、　荷物ヲ、　載セテ、　又、　下關エ、　歸リマス。

# 第二課

桟橋、　　見送り、　　運ぶ、(4-3)

音、　　汽笛、　　鳴る、

桟橋の上に、　人が大勢、集まつています。　あの人たちわ皆、　あの汽船に、　乗るので、　ございましようか。

皆、　乗るのでわ、　ございません。

あの中にわ、　見送りにきた人も、　大勢、　ございます。　又、　荷物を、(4-4)

運ぶ人も、　ございます。

汽船が、　大な音を、　出しました。　あれわ、　汽笛
と、　いうものです。　船が、　港え、　着く前と、　出
る前に、(4-5)

あの汽笛を、　鳴らすのです。

今、汽笛が、　鳴つたから、　もう、船が、　出ましよ
う。　ごらんなさい、　見送り人わ皆、船から、　下り
てきます。

## 第三課

巡査、　　或、　　　散歩、

苦める、　　却つて、(4-6)

保護　　　一度、


小太郎わ、　一度、　巡査が、　盗人を、　連れていくの

を、　見ました。　それから、　たいそう、　巡査を、　恐

れています。

或日、　小太郎が、　父と、　散歩ていた時に、　向う

から、　巡査が、　來ました。　小太郎わ、　恐しそう

に、　小い聲で、　父に、　言いました。(4-7)

小太郎。　向うから、　巡査が、　來ます。

父。　　　おまえわ、　巡査が、　恐しいのですか。

　　　　　何か、　悪いことを、　したのですか。

小太郎。　いいえ、　何も、　悪いことわ、　しません

　　　　　けれども、　巡査に、　連れていかれます

　　　　　から。(4-8)

父。　惡いことを、しなければ、巡査わ、恐い
　　　ことわ、ありません。巡査わ、私等
　　　を、苦しめるものでわ、ありません。

(4-9)

　　　却つて、保護するものです。惡いこと
　　　を、する人を、連れていくのわ、私等
　　　を、保護するためです。

## 第四課

だ、　つかまえる、　尋ね、

せわ、　ばかり、


父。　　巡査の、　道に、　立つているのわ、(4-10)
　　　　何のためだと、　思いますか。

小太郎。惡い人を、　つかまえるためでしよう。

父。　　いいえ、　そうでわ、　ありません。　善
　　　　い人を、　保護するためです。　巡査に、
　　　　道を、　尋ねてごらん。　すぐ、　教えて
　　　　くれます。　馬や、　車が、　たくさん、
　　　　來て、　けんのんだと、(4-11)
　　　　思えば、　巡査わ、「右え行け、　右え行け」
　　　　と、　言つて、　せわを、　してくれます。

小太郎。人の大勢、　集まる所でわ、　巡査わ、
　　　　惡い人を、　つかまえることばかり、　注
　　　　意しているでわ、　ありませんか。

父。　　悪い人を、　つかまえるのわ、(4-12)

　　　　善い人を、　保護するためです。　ですから、

　　　　悪い人が、　一人も、　なければ、　巡査

　　　　わ、　喜ぶのです。

# 第五課

稲　　蒔ク、　　足リル、

翌年、　生長、　　モウ


農夫ワ皆、　野エ、　出テ、　稲ヲ、　刈ツテイマス。

家ニ、　居ルノワ、　唯、(4-13)

子供ト、　老人バカリデス。

秋ワ、　農夫ノ、　一番、　忙シイ時デス。

秋ニ、　ナルト、　手ガ幾本、　アツテモ、　足リナイ

ト、　イイマス。

稲ヲ、　刈レバ、　スグ、　麥ヲ、　蒔キマス。　稲ワ、

六月頃ニ、　植エテ、　十月頃ニワ、　モウ、　熟シマ

ス。(4-14)

麥ワ、　十月頃ニ、　蒔イテ、　翌年ノ六月頃ニ、　ナラ

ナケレバ、　熟シマセン。　ソシテ、　米ワ、　タクサ

ン、　デキテ、　味モ、　ヨウ、　ゴザイマス。

(4-15)

麥ワ、 タクサン、 デキナクテ、 味モ、 惡ウ、 ゴ
ザイマス。

ケレドモ、 稻ワ、 冬、 生長シナイカラ、 麥ヲ、
作ルノデ、 ゴザイマス。

## 第六課

眺め、　　ちようど、　　谷、

曲り、　　病院　　　あら、(4-16)


五郎と六郎わ、　山の上から、　下の方を、　眺めてい
ます。

六郎。　　兄さん、　ここから、　見ると、　町が、

　　　　すつかり、　見えます。　あれが、　病院

　　　　で、　あれが、　すてーしよんですね。

五郎。　　そうです。　あら、　ちようど、　今、　汽

　　　　車が、　出ました。　汽車の烟で、(4-17)

　　　　私等の内が、　見えなく、　なりました。

六郎。　　兄さん、　あの河の水わ、　どこから、

　　　　流れてくるのでしようか。　そして、　又、

　　　　どこまで、　流れていくのでしようか。

五郎。　　あの河の水わ、　向うの山の谷から、　流

　　　　れてくるのです。(4-18)

あの山にわ、 谷が、 いくつも、 あり
ます。 いくつもの谷から、 流れでた水
が、 集まつて、 一つの河に、 なるの
です。
そして、 あのように、 曲り曲つて、 海
え、 流れていくのです。

# 第七課

箱、　桝、　量ル、　石、(4-19)

斗、　升、　合。

アノ家ノ庭デ、　人ガ、　米ヲ、　箱エ、　入レテイマ
ス。　アノ箱ヲ、　桝ト、　申シマス。　桝ワ、　米ヤ、
麥ヲ、　量ルモノデ、　ゴザイマス。(4-20)

アスコニ、　桝ガ三ツ、　ゴザイマシヨウ。　一番大ナ

桝ニ、　一パイワ、　一斗デ、　ゴザイマス。　一番小ナ

桝ニ、　一パイワ、　一合デ、　ゴザイマス。

中ノ桝ニ、　一パイワ、　一升デ、　ゴザイマス。

(4-21)

一合桝ニ、　十パイガ、　一升デ、　一升桝ニ、　十パイ

ガ、　一斗デ、　ゴザイマス。

一合桝ニ、　十パイノ米ヲ、　一升桝エ、　入レルト、

チヨウド、　一パイニ、　ナリマス。　又、　一升桝ニ、

十パイノ米ヲ、　一斗桝ニ、　入レルト、　チヨウド、

一パイニ、　ナリマス。(4-22)

一斗ノ十倍ヲ、　一石ト、　申シマス。　一石ヲ、　一度

ニ、　量ル桝ワ、　ゴザイマセン。　一斗桝ワ、　一番大

ナ桝デ、　ゴザイマス。

## 第八課

穀物、　豆、　所、　デモ、

直段、　他、　品物、


ココワ、　穀物ヲ、　賣ル所デ、　ゴザイマス。(4-23)

穀物ナラ、　米デモ、　麥デモ、　豆デモ、　何デモ、

ゴザイマス。　コノ店ニワ、　何時モ、　人ガ、　來テイ

マス。　ヨク、　賣レルノデ、　ゴザイマシヨウ。

ソウデス。　大層ヨク、　賣レルソウデ、　ゴザイマ

ス。

直段ワ、　アンナニ、　書イテゴザイマス。(4-24)

| 一等米 | 一升 | 十八錢 |
| 二等米 | 一升 | 十六錢 |
| 三等米 | 一升 | 十五錢 |
| 麥 | 一升 | 十二錢 |

直段ワ、　他(ホカ)ノ店ヨリモ、　廉クナイデワ、　ア
リマセンカ。

直段ワ、　廉クワ、　アリマセンケレドモ、(4-25)
品物ガ、　ヨロシウ、　ゴザイマス。

私ワ、　直段ガ、　廉クテモ、　品物ガ、　惡ケレバ、
買イマセン。　品物ガ、　善ケレバ、　直段ガ、　高クテ
モ、　買イマス。

## 第九課

開業、　　買手、　　牛肉、(4-26)

正直、

此店わ、　今年の春、　開業したのですが、　もう、　こ
んなに大く、　なりました。

此店にわ、　何時も、　あんなに、　客が、(4-27)
來ています。　あれ、　ごらんなさい。　あんなに忙し
そうに、　牛肉を、　切つているでしよう。

この内の主人わ、　大層、　正直な男ですから、　こん

なに、　大勢客が、　來るのです。

よく、　賣れますから、　何時も、　新しい肉ばかり、

賣ることが、　できます。(4-28)

何時も、　新しい肉ばかり、　賣るから、　買手が大

勢、　あるのです。

練習

一、此牛肉は、　今朝、　買つてきたのですが、　も

　　う、　味が、　惡く、　なりました。

二、左え、　曲ると、　道は、　惡う、　ございます

　　が、　大分近う、　ございます。

三、近くわ、　ございましょうが、(4-29)

　　道わ、　ずいぶん惡う、　ございますょ。

## 第十課

鹽、　俵、　渡る、　仆れ、

藁、　輕く、　わざと、　重く、


或日、　人が、　町え、　行つて、　鹽を、　澤山、　買い
ました。　その鹽を、　俵え、(4-30)

入れて、　馬に、　積んで、　歸ろうとしました。

河を、　渡る時に、　馬が、　水の中で、　仆れました。

鹽わ、　水に、　溶けて、　荷物が、　大層輕く、　なり
ましたから、　馬わ、　たいそう、　喜びました。

次の日、　藁を、　馬に、　積んで、(4-31)

また、　町え、　賣りにいきました。

その河を、　渡る時に、　馬わ、　昨日のことを、　覺え
ていて、　わざと、　水の中え、　仆れました。

そして、　起きてみると、　藁が、　水に、　濡れて、　大
層重く、　なつていました。(4-32)

## 第十一課

枯レ、　落チ、　虫、　鳴ク、

悲シイ、　聞エ、　悲シム、

寒イ風ガ、　吹キマスカラ、　草ワ、　ダンダン、　枯レテ、　木ノ葉モ、　大分、　落チマシタ。　虫ワ、　晝鳴カナク、　ナツテ、　夜、　鳴キマス。

暑イ時、　晝　鳴イテイタ虫ノ聲ワ、　樂シソウデシタガ、　寒ク、　ナツテ、(4-33)

夜、　鳴ク虫ノ聲ワ、　悲シソウニ、　聞エマス。

草ヤ、　木ガ、　茂ツテイル時ワ、　何處ヲ、　見テモ、　賑カデ、　オモシロソウデス。　草ガ、　枯レテ、　木ノ葉ガ、　落チルト、　何處ヲ、　見テモ、　寂シクテ、　悲シソウデス。

夏、　鳴ク虫ワ、　喜ンデイテ、(4-34)

秋、　鳴ク虫ワ、　悲ンデイルノデシヨウカ。

## 第十二課

くわえ、　　影　　　寫り、

ほしく、　　慾　　　吠え、


一匹の犬が、　牛肉を、　くわえて、　橋の上え、　來ました。　その犬の影が、　水に、　寫りました。(4-35)犬わ、　それを、　見て、「他の犬が、　橋の下に、　居るのだ」と、　思いました。

この犬わ、　大層、　慾の深い犬ですから、　橋の下の犬が、　くわえている牛肉も、　ほしく、　なりました。そして、　大な聲で、　吠えました。

吠えた時に、　口が、　開いたから、　牛肉わ、　水の中え、　落ちて、　流れてしまいました。(4-36)

橋の下の犬を、　見ると、　その犬も、　牛肉を、　なくしていました。

## 第十三課

固イ、　寫眞、　垢、　附ク、

ソンナニ、　　　　長ク、


次郎。　　オカアサン、　東京ノ兄サンカラ、　郵便

　　　　ガ、　參リマシタ。(4-37)

　　　　アラ、　何カ、　中ニ、　固イ物ガ、　アリ

　　　　マスヨ。

母。　　何デショウ。　持ツテイラツシヤイ。　早

　　　　ク、　開ケテミマショウ。

次郎。　　アラ、　兄サンノ寫眞デス。

母。　　オヤマア、　ヨク、　寫ツテイルコトネ。

　　　　ソシテ、　マア、　大層大ク、　ナツタコ

　　　　トネ。(4-38)

次郎。　　兄サンノ顔ニワ、　垢ガ澤山、　附イテイ

　　　　マス。　兄サンワ、　ナゼ、　湯ニ、　入ラ

　　　　ナイノデショウ。

母。　ソレワ、　垢デワ、　アリマセン、　日ノ
　　　蔭デス。(4-39)
　　　寫眞デワ、　低イ處ヤ、　日ノ蔭ニナル處
　　　ワ、　ソンナニ黑ク、　ナルノデス。　イ
　　　クラ長ク、　湯ニ、　ハイラナクテモ、
　　　ソンナニ、　垢ノ、　附クコトワ、　アリ
　　　マセン。

## 第十四課

度々、　　清潔、　　人中、

失禮、　　ナケレバナリマセン、(4-40)


皆サンワ、　度々、　湯ニ、　オ入リナサイマスカ。

度々、　湯ニ、　入レバ、　イツモ、　身體ガ、　清潔デ

スカラ、　氣持ガ、　ヨロシウ、　ゴザイマス。

長ク、　湯ニ、　入ラナケレバ、　垢ガ、　附イテ、　身

體ガ、　汚ク、　ナルカラ、　氣持ガ、　惡ウ、　ゴザイ

マス。(4-41)

身體ヲ、　汚クシテイルト、　人ニ、　嫌ワレマス。　汚

イ身體デ、　人中エ、　出ルノワ、　失禮デ、　ゴザイマ

ス。

又、　身體ヲ、　汚クシテイルノワ、　身體ノタメニ

モ、　惡ウ、　ゴザイマス。

デスカラ、　人ワ、　度々、　湯ニ、　入ラナケレバ、

ナリマセン。　度々、(4-42)

湯ニ、　入ツテ、　身體ヲ、　清潔ニ、　シナケレバ、
ナリマセン。

**練習**

一、　此本ヲ、　今日中ニ、　讀マナケレバ、　ナリマ
　　セン。

二、　毎日、　學校エ、　行カナケレバ、　ナリマセ
　　ン。

三、　父母ヲ、　ダイジニ、　シナケレバ、　ナリマセ
　　ン。(4-43)

四、毎日、　運動ヲ、　シナケレバ、　ナリマセン。

## 第十五課

火事、　　燒け、　　困り、
住む、　　食物、　　夜具、


この町を、　ごらんなさい。　四五日前に、　火事が、
あつて、　家が澤山、　燒けました。　家が、　燒けて、
住む所も、　なくなつた人が、　大勢、　あります。

(4-44)

寒そうにして、　道に、　立つている人わ、　皆、　家の、
ない人です。　こんなに、　寒いのに、　家が、　なけれ
ば、　ずいぶん、　困るでしよう。

家が、　なくなつたばかりでわ、　ありません。　米
も、　麥も、　燒けてしまいましたから、　食物も、　あ
りません。(4-45)

夜具も、　なくなりましたから、　寝ることも、　でき
ません。　それでも、　生きている人わ、　まだ、　よ
う、　ございますが、　燒け死んだ人も、　大分、　ある
そうです。

## 第十六課

起る、　まつち、　火、

燃え、　消す、　驚く、(4-46)


みなさんわ、　なぜ、　こんな、　大な火事が、　起つた
と、　思いますか。　火事わ、　小いことから、　起るも
のです。
子供が二人、　まつちを持つて、　遊んでいました。
まつちの火から、　草が、　燃えて、　大な火に、　なり
ました。(4-47)

子供わ、 驚いて、 急いで、 火を、 消そうと、 しましたけれども、 火わ、 段々大く、 なつて、 消すことが、 できませんでした。(4-48)

町の人わ、 驚いて、 走つてきて、 消そうと しましたけれども、 風が、 吹いていましたから、 火わ、 ますます大く、 なりました。

そして、 こんなに、 澤山家が、 燒けたのです。

小いまつちの火から、 こんな、 大な火事が、 起つたのです。(4-49)

恐しいことでわ、 ありませんか。

## 第十七課

翌日、　　半分、　　電報、　　以內、

氣、　　文、　　ナルベク、

翌日ノ新聞ニ、　火事ノコトガ、　出マシタ。「町ガ
半分、　燒ケタ」ト、　書イテアリマシタ。

正太郎ノ家ワ、　燒ケマセンデシタ。(4-50)

正太郎ワ、　新聞ヲ、　見テ、　父ニ、　言イマシタ。

正太郎。京城ニ、　居ル、　兄サンガ、　コノ新聞
　　　　ヲ、　讀ムト、　內ノ家モ、　燒ケタカト、
　　　　思ツテ、　心配スルデシヨウ。　電報ヲ、
　　　　遣リマシヨウカ。　ソウスレバ、　兄サン
　　　　モ、　安心スルデシヨウ。(4-51)

父。　　アア、　ヨク、　氣ガ、　附キマシタ。　ソ
　　　　レデワ、　電報ヲ、　オ遣リナサイ。

正太郎。ソレデワ、　電報ノ文ヲ、　書イテクダサ
　　　　イ。　私ガ、　郵便局ニ、　持ツテイキマ
　　　　スカラ。

父。　　　オマエ、　書イテゴラン。

正太郎。　先生ガ、　電報ノ文ワ、　短ク、(4-52)
　　　　　書クモノダト、　オツシヤイマシタ。

父。　　　ソウデス。　電報ワ、　十五字マデガ、
　　　　　二十錢デス。　ソレカラ、　五字以內、
　　　　　殖エルゴトニ、　五錢ズツ、　拂ワナケレ
　　　　　バ、　ナリマセン。　デスカラ、　ナルベ
　　　　　ク短ク、　書カナケレバ、　ナリマセン。

　　　　　　　　　　　　　　　　　　　(4-53)

## 第十八課

過ギ、　　ヨホド、　　叮嚀、

簡單、　　僅、　　　料

正太郎。　ソレデワ、　コウ、　書キマシヨウカ。
　　　　　カシガアツテマチワハンブンヤケタケ
　　　　　レドモウチワヤケマセンデシタアンシ
　　　　　ンナサイ。　(4-54)

父。　ソレワ、　長過ギマス。　ソンナニ長ク、
　　　書クト、　電報料ヲ澤山、(4-55)
　　　拂ワナケレバ、　ナリマセン。　マダ、
　　　ヨホド短ク、　書ケマス。　火事ノ、　ア
　　　ツタコトワ、　書カナクテモ、　善イデシ
　　　ヨウ。　火事ノ、　アツタコトヲ、　知ラ
　　　ナケレバ、　心配ワ、　シナイデシヨウ。
　　　町ノ半分、　燒ケタコトモ、　モウ、　新
　　　聞デ、　見テイルデシヨウ。(4-56)
　　　又、「安心ナサイ」ト、　言ワナクテモ、
　　　ウチノ、　燒ケナカツタコトガ、　ワカレ
　　　バ、　安心スルデシヨウ。　マタ、　誰ガ出
　　　シタカ、　ワカルヨウニ、　シナケレバ、
　　　イケマセン。

正太郎。ソウデシタ。　ソレデワ、　マダ、　ヨホ
　　　ド簡單ニ、　書ケマス。(4-57)
　　　コウ、　書キマシヨウカ。
　　　ウチワヤケマセンデシタチチ。

父。　　ソレデモ、　マダ、　長過ギマス。「マセ
　　　　ンデシタ」ト、　イウノワ、　話ノ時ニ、
　　　　言ウノデス。　電報ニワ、　ソンナニ叮嚀
　　　　ニ、　書カナクテモ、　ヨイノデス。

正太郎。ソレナラ、「ウチヤケヌチチ」ト、(4-58)
　　　　書ケバ、　ヨイノデスカ。

父。　　ソウデス。　ソレデ、　ヨク、　ワカリマシ
　　　　ヨウ。

## 第十九課

柱、 電信柱、 始めて、

むずかしい、 はりがね、

通る、 から(空)、 時々、


作次わ、 父と、 いつしよに、 町え、(4-59)
行きました。 町え、 行く道わ、 廣くて、 電信柱が
澤山、 立つています。 作次わ、 始めて、 電信柱
を、 見ました。 そして、 父に、 尋ねました。

作次。 この柱わ、 何のために、 立ててあるの
です。

父。 これわ、 電信柱と、 いうものです。

(4-60)

内え、 時々、 電報が、 來るでしよう。
電報わ、 あのはりがねを、 通つてくる
のです。

(4-61)

作次。　それでわ、　あのはりがねの中わ、　空で
　　　　すか。

父。　　　いいえ。　からでわ、　ありません。

作次。　それでわ、　どうして、　電報が、　あのは
　　　　りがねを、　とうつて、　きますか。

父。　　　それわ、　大層、　むずかしいことです。
　　　　今、　言つても、　おまえにわ、（4-62）
　　　　わかりません。　毎日、　學校え、　行つ
　　　　ていれば、　そのうちに、　先生が、　教
　　　　えてくださいます。

## 第二十課

霜、　　末、　　初、

同ト、　　間、（4-63）


霜が、　おりて、　庭も、　畠も、　道も、　眞白に、　なりました。

春の末から、　秋の初までわ、　露が、　おりますけれども、　秋の末から、　春の初までわ、　露わ、　おりないで、　霜が、　おります。

秋の末頃から、　春の初頃までわ、　寒いから、　露が、　氷るのです。（4-64）

露の氷つたのが、　霜です。　ですから、　露と、　霜わ、　同ト物です。

雨と、　雪わ、　同ト物です。　冬の、　寒い間わ、　雨が、　氷つて、　雪に、　なるのです。　又、　春や、　夏の、　暖い間わ、　雨が、　氷らないから、　雪わ、　降らないのです。

ですから、　冬でも、　暖い日にわ、（4-65）

雨の、 降ることも、 ありましよう。 又、 春でも、
寒い日にわ、 雪の、 降ることも、 ありましよう。

## 第二十一課

昔、　　　友だち、　　相談、

ょうぶ、　　必要、

昔、　或所に、　大層、　身體を、　だいじにする人が、
ありました。(4-66)

度々、　湯に、　入つて、　いつも、　身體を、　清潔
に、　していました。　食物や、　飲物にも、　よく、　注
意して、　食べすぎることも、　飲みすぎることも、
ありませんでした。

又、　どんなに、　雨が、　降つても、　風が、　吹いて
も、　毎日、　必ず、　散歩に、　出ました。(4-67)

そんなに、　身體のことに、　注意していましたから、
病氣に、　なつたことわ、　ありませんでした。

或時、　その人の友だちが、　「なぜ、　そんなに、
ょうぶですか」と、　尋ねました。　その人わ、　笑い
ながら、　言いました。

私わ、 天氣にも、 相談しませんで、

(4-68)

毎日、 外え、 出ますから、 醫者に
も、 相談する必要が、 ないのです。

## 第二十二課

出札口、　　出札係、　　つり、

あわて、　　　驛夫、


或田舍の人が、　走つて、　すてーしよんえ、　來まし
た。　あわてて、(4-69)

出札口え、　行つて、「切符を一枚、　下さい」と、　言
いました。

出札係。　　何等です。　そして、　何處までですか。

田舍の人。　仁川まで、　三等。　いくらですか。

出札係。　　七十五錢です。

田舍の人。　五圓札です。　つりを、　下さい。

(4-70)

出札係。　　さあ、　おつりを、　四圓二十五錢、
あげますよ。

田舎の人わ、 切符を、 受取つて、(4-71)

すぐ、 汽車の、 着く所え、 行こうとしました。 そ
れを、 驛夫が、 見て、「あなたわ、 何處え、 行く
のですか」と、 問いました。

田舎の人。 仁川え、 行くのです。

驛夫。 　　仁川行の汽車わ、 まだ、 來ません。

　　　　　仁川行わ、 十時です。(4-72)

　　　　　まだ大分、 時間が、 ありますから、 そんな
　　　　　に、 あわてなくても、 よう、 ございます。

# 第二十三課

急行列車、　　發ス、　　連絡、

連絡船、　　預ケル、


京城カラ、　東京マデ、　何時間、　カカリマスカ。

(4-73)

五十四時間、　カカリマス。

急行列車ニ、　乗レバ、　京城カラ、　釜山マデ、　十時
間デス。

午前九時ニ、　南大門ヲ、　發スレバ、　午後七時頃ニ
ワ、　釜山エ、　着キマス。

汽船ワ、　午後八時頃ニ、　釜山ヲ、　出マス。　ソレ
ニ、　乗レバ、　翌日、(4-74)

午前七時半頃ニ、　下關エ、　着キマス。

ソノ汽船ワ、　下關ト、　釜山ノ間ヲ、　連絡スルノデ
ス。　デスカラ、　連絡船ト、　イイマス。　タイソウ、
美シイ船デス。

ソレカラ、 午前九時半、 東京行ノ急行列車ガ、 下
關ヲ、 發シマス。(4-75)

ソシテ、 ソノ列車ガ、 翌日ノ午後二時三十分ニワ、
東京エ、 着キマス。

デスカラ、 京城カラ、 東京マデワ、 五十四時間
デ、 行ケマス。 荷物ワ、 南大門デ、「東京行」ト、
言ツテ、 預ケルト、 汽車ガ、 着イタ時ニ、 東京
デ、 受取レマス。(4-76)

## 第二十四課

先週、　　色々、　　滯在、

週間、　　上野公園、　ホド、

高橋。　アナタワ、　何時、　東京カラ、　オ歸リ

　　　デシタカ。

川口。　先週ノ土曜日ニ、　歸リマシタ。(4-77)

高橋。　ズイブン、　面白カツタデシヨウ。

川口。　ハイ、　色々、　面白イモノヲ、　見マシタ。

高橋。　何日間、　ゴ滯在ニ、　ナリマシタカ。(4-78)

川口。　凡ソ、　五週間ホド、　滯在イタシマシタ。

高橋。　上野公園モ、　ゴランデシタカ。

川口。　ハイ、　東京エ、　着イタ翌日、　スグ、
　　　行ツテ、　見マシタ。

　　　上野公園ワ、　タイソウ、　廣イモノデ
　　　ス。(4-79)

　　　公園ノ上カラ、　見ルト、　東京ノ町ワ、
　　　半分以上、　見エマス。

| | |
|---|---|
| オ歸リ | ナサイマス。 |
| お讀ミ | デス。 |
| ゴ覽 | ニナリマス。(4-80) |
| ゴ滯在 | |

## 第二十五課

ちよつと、　　　　　　多分、

おいでなさいます　　　行ク

おいでです　　　　　}　來ル

おいでになります　　　居ル


何處え、　おいでなさいますか。　ちよつと、　釜山ま
で、　參ります。

何時、　ここえ、　おいでなさいましたか。(4-81)
　　　昨日、　參りました。

おとうさんわ、　お內に、　おいでなさいましようか。
　　　多分、　居ましよう。

何處え、　おいでですか。

何時、　ここえ、　おいででしたか。

おとうさんわ、　お內に、　おいででしようか。

(4-82)

何處え、　おいでになりますか。

何時、　ここえ、　おいでになりましたか。

おとうさんわ、　お內に、　おいでになりましようか。

## 第二十六課

ゴメン、　　玄關、　　暫く、

應接間、　　タラ、　　變リ、(4-83)

下女、　　案内、

玄關エ、　客ガ、　來テ、「ゴメンクダサイ」ト、　言イ
マシタ。

下女ワ、　玄關エ、　出テキテ、　テイネイニ、　禮ヲ、
シマシタ。

客。　　私ワ、　畠山デス。　ゴ主人ワ、　オ内デス
　　　　カ。

下女。　　ハイ、　イラツシヤイマス。(4-84)

下女ワ、　客ノ、　來タコトヲ、　主人ニ、　知ラセマシ
タ。　ソシテ、　マタ、　出テキテ、「ドウゾ、　オ上リ
クダサイ」ト、　言イマシタ。

下女ワ、　客ヲ、　應接室エ、　案内シマシタ。

(4-85)

客ワ、暫く、待ツテイマシタラ、主人ガ、出テキ
マシタ。

客。　　大層寒ク、ナリマシタ。皆サン、オ
　　　變リワ、ゴザイマセンカ。

主人。　アリガトウ、ゴザイマス。皆、ジヨ
　　　ウブデ、ゴザイマス。

　　　アナタノオ内デモ、皆サン、(4-86)

　　　　　　ゴシヨウブデ、　イラツシヤイマスカ。

客。　　　アリガトウ、　ゴザイマス。　皆、　ジヨ

　　　　ウブデ、　ゴザイマス。


**練習**

一、　ステーシヨンデ、　十分間ホド、　待ツテイタ

　　ラ、　汽車ガ、　來マシタ。(4-87)

二、　先生ニ、　オ尋ネシタラ、　スグ、　ワカリマシ

　　タ。

三、　巡査ニ、　尋ネタラ、　テイネイニ、　敎エテク

　　レマシタ。(4-88)


普通學校學徒用國語讀本卷四 終

明治四十四年三月十三日印刷

明治四十四年三月十五日發行

明治四十四年八月十五日再版

明治四十四年十二月十五日三版

明治四十五年三月十五日四版

定價金六錢

朝鮮總督府

朝鮮總督府印刷局印刷

# 찾아보기

# 편자소개(원문서)

**김순전 金順槇**

소속 : 전남대 일문과 교수, 한일비교문학·일본근현대문학 전공

대표업적 : ①저서 : 『韓日 近代小說의 比較文學的 研究』, 태학사, 1998년 10월

　　　　　②저서 : 『제국의 식민지수신』--조선총독부 편찬 <修身書>연구--
　　　　　　　　　 제이앤씨, 2008년 3월

　　　　　③저서 : 『일본의 사회와 문화』, 제이앤씨, 2006년 9월


**박제홍 朴濟洪**

소속 : 전남대 일문과 강사, 일본근현대문학 전공

대표업적 : ①논문 : 「메이지천황과 學校儀式教育-국정수신교과서를 중심으로」, 『일본
　　　　　　　　　 어문학』 제28집, 한국일본어문학회, 2006년 3월

　　　　　②논문 : 「『보통학교수신서』에 나타난 忠의 변용」, 『일본문화학보』 34집,
　　　　　　　　　 한국일본문화학회, 2007년 8월

　　　　　③저서 : 『제국의 식민지수신』--조선총독부 편찬 <修身書>연구--
　　　　　　　　　 제이앤씨, 2008년 3월


**장미경 張味京**

소속 : 전남대 일문과 강사, 일본근현대문학 전공

대표업적 : ①논문 : 「조선총독부 발간 『여자고등보통학교수신서』의 여성상」, 『日本學
　　　　　　　　　 研究』 21집, 檀國大學校 日本研究所, 2007년 5월

　　　　　②논문 : 「근대한일 여성 사회소설 비교연구」, 『日本語文學』 제39집, 韓國
　　　　　　　　　 日本語文學會, 2008년 12월

　　　　　③저서 : 『수신하는 제국』, 제이앤씨, 2004년 11월


**박경수 朴京洙**

소속 : 전남대 대학원 박사과정수료, 일본근현대문학 전공

대표업적 : ①논문 : 「鄭人澤の日本語小說研究 - 『清凉里界隈』와 『覺書』를 중심으로」, 『
　　　　　　　　　 일본어문학』 제33집, 한국일본어문학회, 2007년 6월

　　　　　②논문 : 「『普通學校國語讀本』의 神話에 應用된 <日鮮同祖論> 導入樣相
　　　　　　　　　 」, 『일본어문학』 제42집, 일본어문학회, 2008년 8월

　　　　　③저서 : 『제국의 식민지수신』--조선총독부 편찬 <修身書>연구--
　　　　　　　　　 제이앤씨, 2008년 3월

朝鮮總督府編纂
『訂正 普通學校學徒用國語讀本』原文(上)

**초판 인쇄**　2010년 7월 10일
**초판 발행**　2010년 7월 30일


**편　자**　김순전 박제홍 장미경 박경수 공편
**발행처**　제이앤씨
**등　록**　제7-220호

**주소**　132-702 서울시 도봉구 창동 624-1 현대홈시티 102-1206
**전화**　(02) 992-3253(대)
**전송**　(02) 991-1285
**전자우편**　jncbook@hanmail.net
**홈페이지**　http://www.jncbms.co.kr

**책임편집**　박채린

ISBN 978-89-5668-792-6 94190
　　　978-89-5668-791-9 (전2권)　　　　　　　　　　　　　　**정가** 16,000원